漫画で紐解く

岡山の中小企業、初めてのテレワーク。

●酒井 悠希／漫画
●清水 浩司／シナリオ
●石井 聖博／監修（株式会社WORK SMILE LABO）

はじめに

ついにはじまった「働き方改革」が意味するもの

2019年4月1日——この日、日本で「働き方改革」が本格的にスタートしました。

70年ぶりに「労働基準法」が改正され（いわゆる「働き方改革関連法」が成立）、法案が順次施行されていきます。

新聞やニュースで報道されているように、これからは時間外労働が制限され（原則で月45時間、年360時間）、年次有給休暇の確実な取得が義務付けられます。正規・非正規といった雇用形態の違いによって待遇に不合理な差をつけることも禁止されます。

それはいったい何を意味してると思いますか？

残業も禁止され、有休もちゃんと取れるようになるって、日本は豊かな国なんだからそんなにあくせく働かないで、ゆっくり余暇を楽しもうよってことなんじゃない？　ブラック企業の存在やそんな風土で発生しがちな過労死という悲劇を防ぐため、国が健全な働き方のルールを作ってるんでしょ？——なんて思ってる人はいないでしょうか。

後者に関してはあながち間違っていませんが、前者に関しては明らかに違います。

働くことに関して、日本は今、ピンチを迎えています。それは戦後最大の危機と呼んでいいもので、だからこそ労働基準法が70年ぶりに改正されなければならなかったのです。逆から見れば、70年間変える必要のなかった労働基準法を変えなければいけないほど、今、労働をめぐる環境は危機的であり、このまま進めば大変なことになるという瀬戸際に立たされているのです。

いったい今の労働環境の何がそんなに危機的なのでしょう?

それは一言で言えば、労働者不足ということです。

働く人がいないのです。事業はあって、仕事もあるけど、それを遂行してくれる「人」が決定的に不足しているのです。

働く人がいない、これからの日本――

もう何年も前から議題に上がってきた少子高齢化の問題は、何の解決策もないまま今日まで辿り着いてしまいました。どんどん老人は増えるけど、子どもの数は減っていき、それは当然将来働き手になるはずの生産年齢人口の減少につながります。

国立社会保障・人口問題研究所の調査によると、すでに1995年をピークに労働力人口は後退局面に入っていて、1995年に8716万人いた労働者は2020年には7341万人まで減少。2030年には6773万人まで減少するという試算が出ています。つまりピーク時に比べ2020年で15%以上減、2030年には22%以上減――。

そんな難しい数字を挙げなくても、みなさんも普段の生活のあちこちで「とにかく人が足りない」「働く人がいない」という現状を感じているのではないでしょうか。

・荷物を配達してくれる人が減ったことで宅急便の値段がどんどん上がっている
・運送費の上昇にともない、食品などの価格も上昇する一方
・人手不足により、セブンイレブンを筆頭とするコンビニエンスストアが24時間営業の見直しを検討
・就職活動が完全に「売り手」市場になり、パートやアルバイトでも、人財確保のため時給の高騰が止まらず……

労働人口の減少に対し、国は外国人労働者やAI、IoTの活用で補おうとしていますが、到底それだけで間に合うものではありません。人口減の問題はたとえ対策が打たれたとしても、すぐに効果が出るようなものではありません。

だとしたらどうしたらいいのでしょう?

考えられるのは、これまでの働き方を改善して、一人一人の作業能率や生産性をアップさせることです。さらにこれまで働きたくても働けなかった人たちを取り込み、誰もが労働に参画しやすい環境を作ることです。

それが今回の長時間労働是正、正規・非正規の同一待遇などにつながっていることは確かです。ピンチだからこそこれまでの働き方を見直し、ダイナミックに変わっていかないと将来立ち行かなくなる――。

そんな「働くこと」を取り巻く状況の変革期が今という時代なのです。

「テレワーク」という言葉を聞いたことがありますか？

昨年2018年11月2日、弊社WORK SMILE LABO（通称ワクスマ）は総務省が選定する「テレワーク先駆者百選　総務大臣賞」を地方の中小企業で初めて受賞しました。

「テレワーク先駆者百選」はITを活用して在宅ワークなど、オフィスから離れて勤務できるフレキシブルな働き方を導入・推進している企業に送られるものです。そのなかでも総務大臣賞は全国5社のみに送られる賞になります。

みなさんは「テレワーク」という言葉を聞いたことがありますか？

テレワーク――もしかしてテレアポと関連付けて「電話を使った業務」と勘違いされている方もいらっしゃるかもしれませんが、それは違います。

テレワークとは英語の「tele（離れた場所）」と「work（働く）」を組み合わせた造語で、簡単に言うと「どこにいても自社のオフィスと同じ環境で仕事ができること」を指します。

わかりやすく理解してもらうためには「テレワーク＝社外でも社内と同じように働ける環境を構築すること」と思ってもらえればいいかもしれません。いわゆる「在宅ワーク」もテレワークの一種になります。

私たちワクスマは、このテレワークを積極的に使って働き方改革を進めていこうとしている会社です。

いや、正直に言えば、どうやったら社員の働きやすい環境が作れるのか、笑顔があふれる会社になるのか、試行錯誤をしていった先で見つけたのがテレワークという働き方でした。

きっかけは、一人の女性パートさんでした

私たちがテレワークに取り組みはじめたのは、ちょうど3年前のことになります。

きっかけは一人の女性の存在です。

会社に小さな子どもを持つ女性パート社員がいて、彼女は子どもの病気が原因で、週に1~2回、急に会社に来られなくなることがありました。とても優秀なパートさんで、まわりからも信頼されていたため、彼女が休むと業務に大きな穴が開きました。

弊社は中小企業なので、一人休めばそのしわ寄せは社員全体に降りかかります。みんな口には出しませんが、社内で彼女に対する不満が溜まっていることを私は薄々感じていました。「急に休むのは彼女のせいじゃない。子どもが大きくなるまでの辛抱だから」。社員たちにはそう伝えましたが、我慢の限界は近づいていました。彼女自身も気まずい空気を察して、会社にいても居心地悪そうにしています。

このままでは遅かれ早かれ、彼女は会社を辞めることになってしまいます。とても優秀で、経験も能力もあり、会社に対して愛情を持っているスタッフなのに、家庭の事情という理由だけで手放してしまっていいものか……。

私のなかにこれまで働いてくれた女性社員の顔が浮かびました。うちの女性社員は出産した場合、これまでは退職するか、復帰したとしても労働時間の都合でパート社員になるしか道はありませんでした。

これまでもこうしたケースは普通にあったのです。ここで彼女を辞めさせてしまっては、今

後も同じことが続いてしまいます。

そこで私が目を付けたのが、当時の岡山はもちろん、全国でもまだあまり普及していなかった「テレワーク」という働き方でした。

それはパソコンやインターネットを使って、自宅にいても会社にいるのと同じように働ける環境が作れるという触れ込みで紹介されていました。

そんなことが本当に可能なのか？　東京や大阪などの都市部ならともかく、岡山という地方都市でそんなハイテクな働き方ができるのか……？

不安は山のようにありましたが、ひとまず私たちはそれに取り組んでみることにしました。たとえ失敗しても、自分たちが本気でトライしたことなら、会社にとっても、働き方改革を目指す他の企業にとっても有益な経験が得られるに違いない――そんな想いで手探りでテレワークをはじめてみたのです。

テレワーク導入にあたって意識したこと

テレワークをはじめるにあたって意識したことが2点ほどあります。

一つめは、ただ仕事を家に持ち帰るのではなく、会社と同じ環境で仕事ができるように、「労務管理ができる」「ストレスなくフェイス・トゥ・フェイスのコミュニケーションがとれる」「情報セキュリティーが担保できる」という設備をしっかり整えたことです。

二つめは、どんな中小企業でも導入できる価格で上記の環境を構築したことです。弊社も従業員数30名ほどの中小企業です。テレワークについて調べていくと、大企業向けの高価なシステムは存在しますが、中小企業向けの安価なサービスはありませんでした。そこで私たちは既存の商品やサービスを組み合わせ、月々3万円程度で導入できるテレワークシステムを自前で構築しました。

テレワーク導入によって業績も生産性もアップ!

最初テレワークは、彼女が子どもの看病などで出社できない日のみに使うイレギュラーとしての活用でした。

テレワークを開始した直後は、社員から「家で本当に仕事してるんですか?」「これは差別じゃないですか?」という声も上がりましたが、彼女自身、成果を出すことでそうした心配が杞憂であることを証明してくれました。

彼女の頑張りのおかげで、私たちはテレワークには二つのメリットがあることに気付きました。

① 自宅勤務なので出勤や退勤の通勤時間が不要になった。仕事の合間の休憩時間に家事もでき、生活にゆとりが生まれた。

②社内と同じ環境で仕事をしながら、電話対応や来客対応がないぶん業務に集中でき、生産性が向上した。

彼女の報告を聞いて、導入1ヵ月後には内勤者全員にテレワーク適用を決めました。すると内勤業務の効率がグッと上がりました。さらに、本来は産休に入る予定だったスタッフが空いた時間を利用して仕事を継続してくれるなどのメリットも生まれました。

そして1年後、今度は外回りの営業マンも含む社員全員にテレワークを導入しました。営業マンにテレワークを導入と言うと「会社に来ないでサボるんじゃないか?」といった不安の声も上がりました。しかし私は評価制度などの変更も行いながら、業務のテレワーク化を推し進めていきました。

その結果、一部の社員がテレワークを導入していた2016年と、全社員がテレワークを導入した2017年を比較すると、残業時間を41・3％減らしながら、業績(粗利益)は113・6％成長という数字が出ました。スタッフ一人あたりの生産性を示す人時生産性も107・6％へと向上しています。

他にもテレワークによって社員の定着率向上、人財採用、ブランディング、モチベーションアップなど数々のメリットを得ることができました。

一人の女性社員を失いたくないがために導入したテレワークでしたが、結果的にはいいことづくめで、想像以上の成果を会社にもたらしてくれたのです。

中小企業、地方だからこそ必要なテレワーク

弊社WORK SMILE LABOの使命は、中小企業の新しい働き方のモデルを実践・検証して、お客様に伝えていくことです。これまでも自分たちが実践して得たテレワークのノウハウを、お客様に全面的に公開してきました。テレワークを導入したお客様からは「女性社員が辞めずに済んだ」「生産性が上がった」という嬉しい声をたくさんいただいています。

私は心から「中小企業こそテレワークを導入すべき!」と思っていますし、「岡山のような地方都市の企業こそ、積極的に活用すべきだ」と固く信じています。

大企業は人財活用にせよ、福利厚生にせよ、少々の無理や不満を受け止める余裕が用意されています。しかし中小企業にそんな余裕はありません。今いる社員にいかにいきいきと、いかに効率よく働いてもらうか。いかに長期にわたって仕事をしてもらうか――目の前の社員一人一人に対応することが必要になります。

それは岡山という地方都市においても同じです。大都市ならば社員を一人失ったとしても、すぐに補充できることでしょう。でも地方はそうはいきません。労働者の絶対数は限られており、将来的にはさらに人が減るのです。目の前の社員を逃さないために、より働きやすい環境を整えること、一人一人が十分にポテンシャルを発揮できる環境を準備することは喫緊の課題です。

そしてテレワークというのは、それを実現するための切り札になる手段だと思うのです。

前述の女性社員はテレワークを使って今も正社員として働き、さらには自分を助けてくれたテレワークの意義を社会に伝える広報担当として活躍しています。

彼女は言います。

「私もテレワークを活用することで、子育てと仕事の両立が実現できました。子どもが急に風邪をひいて保育園に行かなければならなくなっても、テレワークのおかげで周囲に迷惑をかけず、気まずい想いもせずに対応できます。テレワークがあることで子どもの月齢に合わせた働き方が可能となったのです。今はパートではなく社員として働けることにやりがいを感じています」

漫画の主人公はあなたの身近な人に似た誰か

今回、書籍を出すにあたり、漫画という形態を用いたのは、岡山のみなさんにテレワークというものがどういうものか、とにかく知ってもらいたいという気持ちがあったからです。ストーリーは架空のものですが、主人公とよく似た状況に立たされている身近な人の顔を思い浮かべることで、「こんな働き方ができるようになったら本当にいいなぁ」というイメージを共有できることでしょう。

そして私が真にメッセージを伝えたいのは、岡山に拠点を持つ中小企業の社長さんです。新テレワーク導入の成功は100%社長の手に懸かっていると言っても過言ではありません。

しい働き方が求められるこの時代、新しい波に飛び乗るかどうかは社長のマインドひとつに委ねられています。

社員が口に出さない不満こそ、働き方改革のスタートです。育児か介護か、はたまた別の理由か。社内で困っている人が一人でもいるなら、まずはテレワークを考えてみてください。もしかしてそれはテレワークを導入することで解決できる問題かもしれません。

・中小企業だからこんなものだろう
・うちは関係ないよ
・時間も資金もないし
・たった一人の社員のためにそこまでできない

取り組まない理由は人それぞれでしょうが、社員は常に社長の背中を見ています。中途採用を含め、良い人財を確保することがますます難しくなっていく時代、はたして現状のやり方のままでこの先生き抜いていけるでしょうか?

難しいことは言わず、まずは漫画を楽しんでください。

そこでもしもみなさんの会社に思い当たるフシがあるのなら、多少でも共感する部分があるのなら――

具体的な話はそのときです。

そのときは弊社のテレワークのノウハウをさらに詳細に、さらに実践的にお伝えしていくことにいたしましょう。

株式会社WORK SMILE LABO　代表取締役
石井　聖博

CONTENTS

登場人物紹介

桃山 梨花(32)

大岡山エージェンシー(岡A)営業部に所属。既婚、5歳の息子(勇馬)がいる。出産後も正社員で仕事を続けてきたが、育児と家事で毎日ボロボロ。「小1の壁」を前に仕事を辞めようかと悩んでいる。根が真面目でがんばり屋さんだが、イライラすると夫に当たってしまう。実家は広島、夫・和也の実家は津山で育児などなかなか親に頼りにくいと感じている

□梨花の家族

桃山 勇馬(5)

梨花の息子。
元気、ワンパク、手がかかる

桃山 和也(33)

梨花の夫。優しいけどマイペース。
工場勤務

□WORK SMILE LABOのメンバー

石井 聖博(38)

WORK SMILE LABO代表。
テレワーク推進者

玉野 ひろみ(29)

WORK SMILE LABO勤務。
2歳の息子がいる

□梨花の務める大岡山エージェンシー（岡A）のメンバー

吉備津 マコト(27)

営業部。シラケ世代。
地味目なメガネ男子

西大寺 雅彦(51)

営業統括部部長。
「24時間働けますか」世代

後楽 喜二郎(53)

社長。働き方改革に積極的。
一見、遊び人

高梁 千春(45)

パート勤務。既婚。
義母の介護に追われる

旭 チエリ(23)

営業部。
玉の輿願望で合コン三昧

吉井 美夜子(41)

経理部。独身でずっと会社にいる
お局状態

第1章

仕事と家庭の両立は難しい？

…という データからも 岡山城まつりの メインは、
「パンキャッスル」 案が最適かと 思います！
……
―しかし…
若い女の子が 城になんか 興味持つの？
今は歴女も 流行ってますし 城は人気です！ それに城もパンも インスタ映え 抜群ですよっ！ いけますって
なんで わざわざ
でも従来の 城まつりの お客さんが どう思うか…
俺は個人的に 桃山さんの案、 面白いと思う けどな
城とパンを 組み合わせた まつりなんて、 今までどこにも ないし
社長ッ!!
じゃあ、ウチとしては パンキャッスル案で 固めていきましょうか
ギョッ
保育園
拒否
メッセージを 送信

え…勇馬が熱？いや、朝は元気だったんですけど…
…39度⁉ わ、分かりました すぐ行きます！
すみません！子供が急に熱を出してしまって…すぐ迎えに行かないと…
桃山くん プレゼンは来週だぞ⁉
パンの案で行くなら、詳細詰めておかないと…
早く行ってあげなさい 続きは明日！それまでに具体案考えといてね
エッ
本っ当にすみません‼ お先に失礼しますッ
ダッ
―これだから全く…
ゆっ勇馬〜〜〜‼
ばんっ‼
あー ママだー
……
さっきまではお熱あったんですけどね…
ただいま〜
……ってうわッ⁉
……

う〜〜ん こりゃまた…
すごい修羅場 だなあ…
ゴッチャア…
ギャッ!! キャッ!!
ゴゴゴ
どうした? 梨花…
今日は一段と 部屋が荒れてる みたいだけど…
ピクッ
どうした? じゃないわよ!! 何のんきなコト 言ってんのよォ〜!!
HEAD LOCK!!
イテテテッ 梨花!! おっ、 落ち着けって…
勇馬が 熱出したって 言うから途中で 会議抜けたのに
迎えに行ったら 超元気だし オムライス食べる って聞かないし、
ゲリラ豪雨で 洗濯物は ビシャビシャ
おまけに 車はこすって 傷つけちゃうし 最悪よ〜〜〜!!
まぁ仕方ないよ 小さいうちは 熱とか出やすい って言うしさ…
ムッ
じゃあ何で 私にばっかり 迎えに来いって 連絡来るわけ?
……
えっと… 俺何か 手伝おうか?
そのイメージ図に 色塗って!! ソフト ないから手描きで カバーしないと!!
お絵描き? ボクも やる〜!!
勇馬は 向こう 行っててッ
終わりそう?
…ねむ…
こっちは あと少し…
明日うまく いくかな…

—翌日—
桃山くん、城まつりの案まとまったかね？
今、最終確認してます
プレゼン準備はできてますから…
—…
昨日はご迷惑おかけしました
早速ですが私の提案したパンキャッスル案の…
保育園
エエッ今日も⁉
うそ…そんな…ッ
このために頑張ってきたのに……‼
…。
—それで結局パンキャッスル案は…？
そんなの絶対面白くないのに悔しい〜〜ッ
イタタタゆ、勇馬が起きちゃうって‼
もちろん却下よっ
西大寺さんのカラオケグランプリ案で進めるって
…もう私、
仕事…辞めようかな

…本気で言ってるの？
うん…やっぱり仕事と家庭の両立って難しいよどっちも中途半端になっちゃう
毎日毎日イライラしてあなたや勇馬に当たってる私が一番イヤなの…
そっか…共働きの場合、子供は実家に預けるのが殆どなのかな
私は広島、和也は津山…どっちも少し遠いよね
俺んとこはお袋も協力的なんだけど…梨花は甘えたくないんだろ？
う〜〜〜ん、やっぱりお義母さん世代って私たちとは考え方が違う気がしてさ…
義母
仕事？
そう…
子供が小さいのに、嫁が外に働きに出るのってあんまりいい顔しないと思う
まぁもう少しで勇馬も小学校に上がるわけだし、
そうなったらちょっとはラクに――
…あなた…本ッ当に何にも分かってないのね……!!!
ビクッ

エッ
何⁉
俺なんか
変なこと…
「小1の壁」
知らないのッ⁉
学童入れても
今の保育園より
1時間も早くお迎え
行かなきゃだし
夏休みやら長期休暇は
お弁当も作らなきゃだし
保護者会だの
PTAだの余裕で
平日開催なのよ⁉
そんな環境で
仕事続けるなんて
絶対無理よォ〜〜〜!!
働きながら
子育てするのが
こんなに大変だなんて…
どうして誰も
教えてくれなかった
の……?
Z
俺1人で
養えれば
苦労かけない
んだけど…
スマン！
やばいッ
寝過ごした
——!!!

遅刻
遅刻〜〜〜〜ッ!!
間に合ったッ！よろしくお願いします！
ハーイ!!
あ、勇馬くんのママ！おはようございます
玉野さん！おはよう、今日仕事休み？
いえ、ウチはテレワーク導入してるんで今日は午後出勤なんですよ
ふーん…テレワーク？
？
あッ、ごめん急がなきゃ！またね！
—その夜…

社長、お帰りですか？お疲れ様です
おう、この前は大変だったなボウズ大丈夫か？
ええ、まぁ…
プレゼンは残念だったけど今回は仕方ないさ！
個人的には推せる企画だから来年はあれで行こう！
私、来年まで会社にいるか分かんないですよ…
おいおい、脅かすようなこと言うなよ
社長！ウチの会社に電話番みたいな仕事ないんですか!?
ありがとうございまーす
どうも
…なんだそりゃ??
そういう仕事があれば家でもできるしゆとり持って生活できるのかなぁと…
テ…テレフォンワークっていうんですかね？
……。
桃山さん…それってもしかして、
「テレワーク」の事じゃないのか？

テレワークとは情報通信技術(ICT)を活用した場所や時間にとらわれない柔軟な働き方のこと。tele＝離れたところ、work＝働くを組み合わせた造語である。

具体的には出退勤やスケジュールをクラウドで一括管理したり、ウェブ会議を導入したりする。

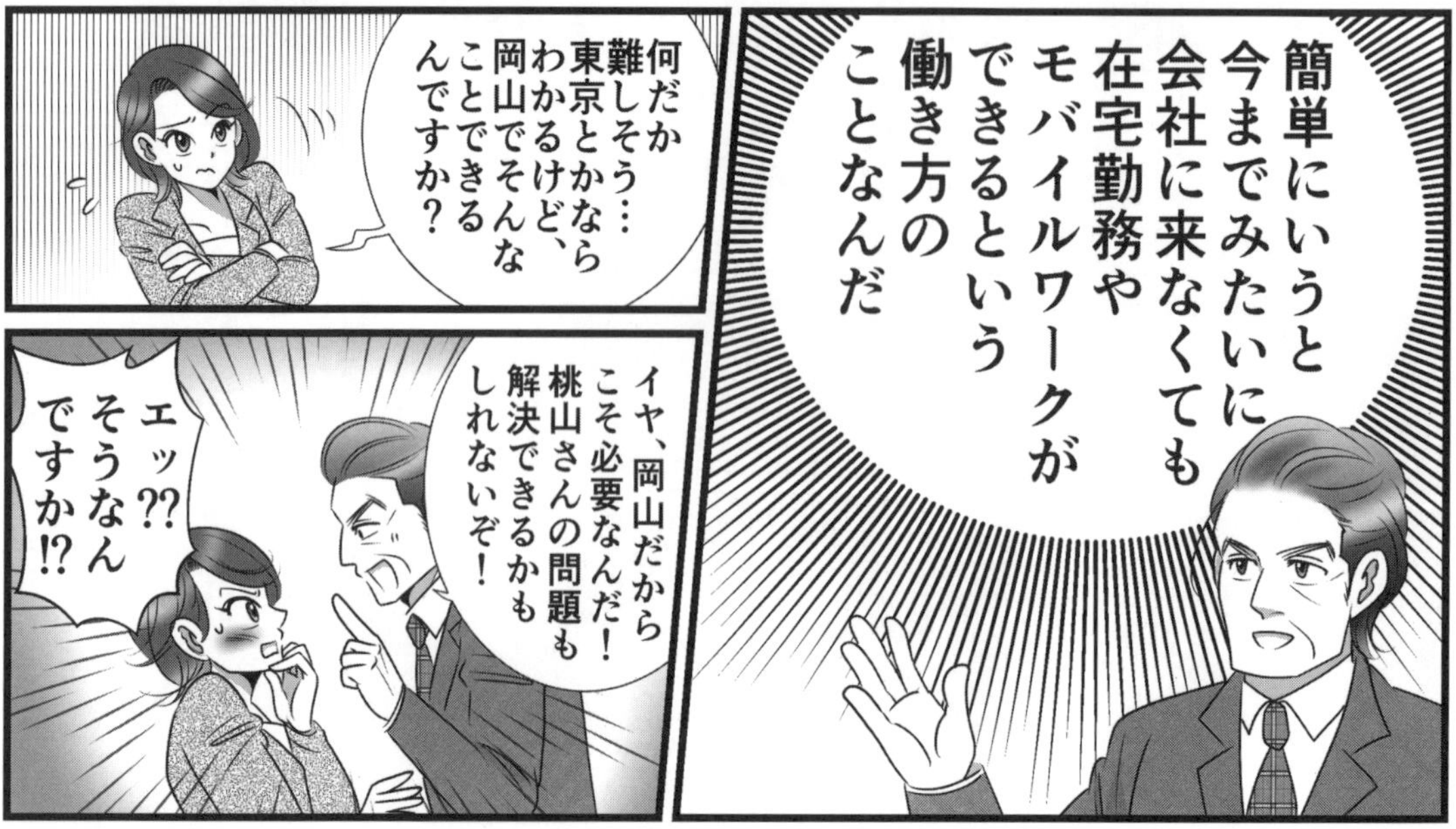

—そして
いつもの朝を
迎えるハズが…
ヨロシクおねがいしますっ
チコク〜〜!!
!?
サッ
ズルッ
もう社長ッ!!こんな所で何やってるんですかっ!!
?
いや、昨日言ってたテレワークの知り合いってどの人だ?
玉野さんですか?もう少ししたら来ると思いますけど…
桃山さん、君に新たな任務を与える
は?
P.Yo!!
今日から君は社長直属のテレワーク開設準備室室長として我が社のテレワーク導入に従事してもらうのだッ!!!

ウチにもテレワークを!? 私…なんか特命係長みたい…??

社会問題トピック

子育て世代にふりかかる数々の困難

□保育園に入れるか否かは大問題

勇馬を保育園に入園させている梨花だが、子育てをしながら働くママにとって、子どもを保育園に入れられるかどうかは大きな問題だ。

岡山県では、２０１４年度から４年連続で増え続けていた待機児童数は、２０１８年度に６９８人に減少した。認可保育所・認可外保育施設の定員が増えたことや、保育所・認定こども園の新設など、受け皿が増えたことが理由といわれている。しかし、岡山市を中心に、依然待機児童がいることは事実。働きたい、復職したいと考えるママたちにとって「保活」は今なお大変な問題だ。

□仕事と家庭の両立をめぐる現状

仕事と家庭の両立には、さまざまな困難が待ち受けている。

下のグラフを見てわかるとおり、妊娠・出産前後に

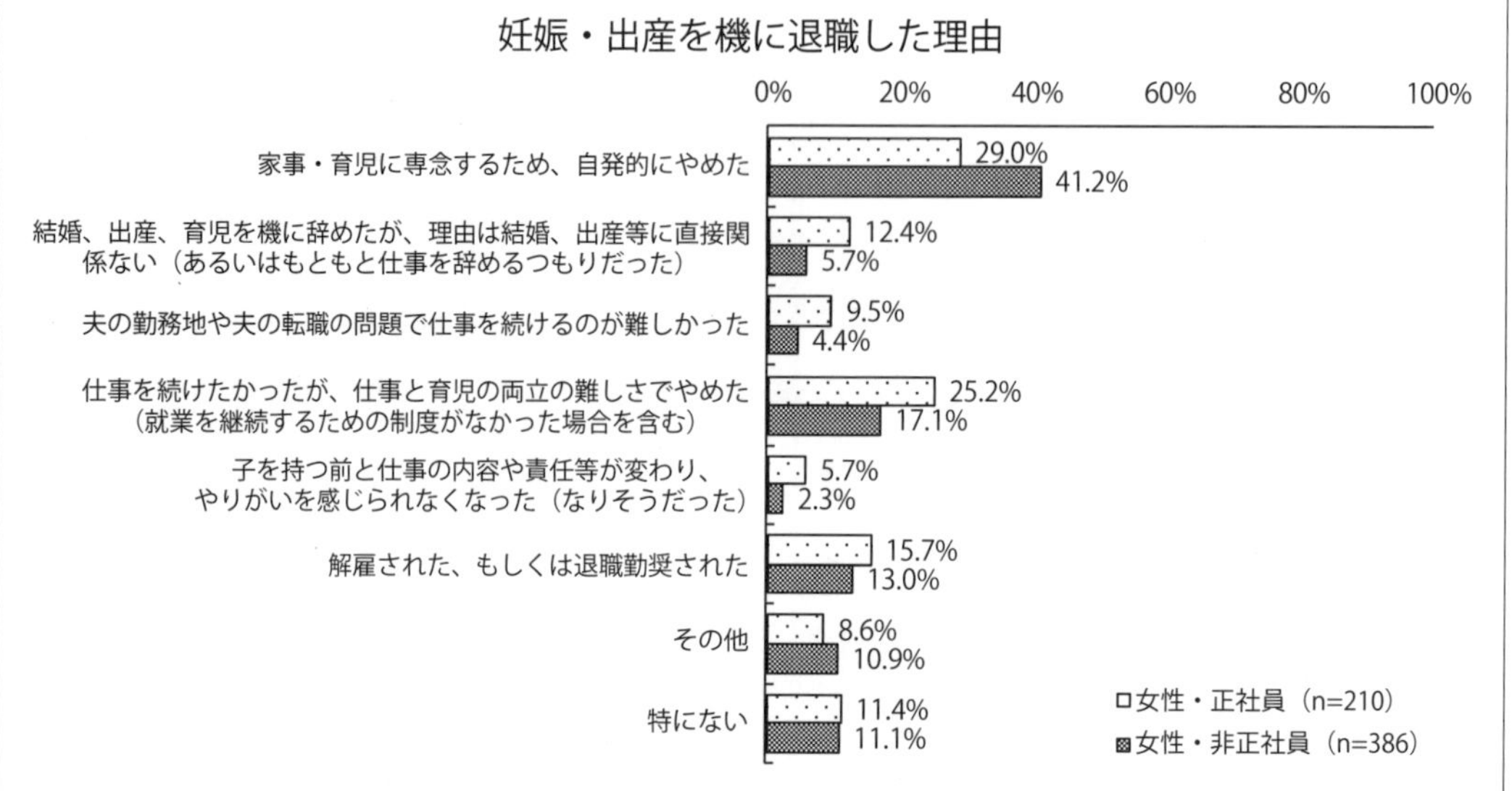
妊娠・出産を機に退職した理由
0%
20%
40%
60%
80%
100%
家事・育児に専念するため、自発的にやめた
29.0%
41.2%
結婚、出産、育児を機に辞めたが、理由は結婚、出産等に直接関係ない（あるいはもともと仕事を辞めるつもりだった）
12.4%
5.7%
夫の勤務地や夫の転職の問題で仕事を続けるのが難しかった
9.5%
4.4%
仕事を続けたかったが、仕事と育児の両立の難しさでやめた（就業を継続するための制度がなかった場合を含む）
25.2%
17.1%
子を持つ前と仕事の内容や責任等が変わり、やりがいを感じられなくなった（なりそうだった）
5.7%
2.3%
解雇された、もしくは退職勧奨された
15.7%
13.0%
その他
8.6%
10.9%
特にない
11.4%
11.1%
□女性・正社員（n=210）
▨女性・非正社員（n=386）

注）就業形態（女性・正社員、女性・非正社員）は末子妊娠時のもの

（出典）三菱 UFJ リサーチ＆コンサルティング株式会社
「平成 27 年度　厚生労働省委託調査　仕事と家庭の両立支援に関する実態把握のための調査研究事業　労働者アンケート調査結果　報告書」

退職した女性の理由は、「自発的に辞めた」と回答した人が29%、「両立が難しかったので辞めた」が約25%となっている。

「両立が難しかったので辞めた」と答えた人の、具体的な理由は①勤務時間があいそうもなかった・あわなかった②自分の体力がもたなそうだった・もたなかった③職場に両立を支援する雰囲気がなかった④子どもの病気等で度々休まざるを得なかった⑤体調不良⑥育児休業が取れそうもなかった・取れなかった⑦保育園等に子どもを預けられそうもなかった、と続く。

□恐怖！ 預け先からの急な呼び出し

保育園に勇馬を預けている梨花のように、働くママたちが一番恐れているのは、勤務時間中に預け先からかかってくる「お迎え要請の電話」。多くの保育園では「●度以上の熱があれば迎えに来てもらう」と取り決めてある。抵抗力の少ない幼児であれば、朝は元気でも、午後から突然発熱ということもあるだろう。

「みんな忙しいなか、帰るとは言い出しにくい」「前回の早退から間がないと、またかと思われているようで嫌だ」……会社勤めをするママの本音だ。

働くママは、梨花のようにお迎えの電話がないことを祈りながら仕事をし、いざ早退するとなれば周囲の人に気を遣い、精一杯頑張っている。

社会問題トピック

働き方に対する世代間ギャップ

　母親が仕事を持つことについて、「親世代とは考え方が違うと思う」と話す梨花。彼女の親世代は、専業主婦が当たり前の時代だったから、母親が子育てより仕事を優先するのはなかなか受け入れにくいのかもしれない。

　しかし、グラフから見て分かる通り、ここ20年で共働き世帯が右肩上がりに増えていて、梨花の家庭が特別なわけではない。女性の社会進出が進んだ今、どの世代も「働くママ」「共働き世帯」を理解していくことが必要だろう。

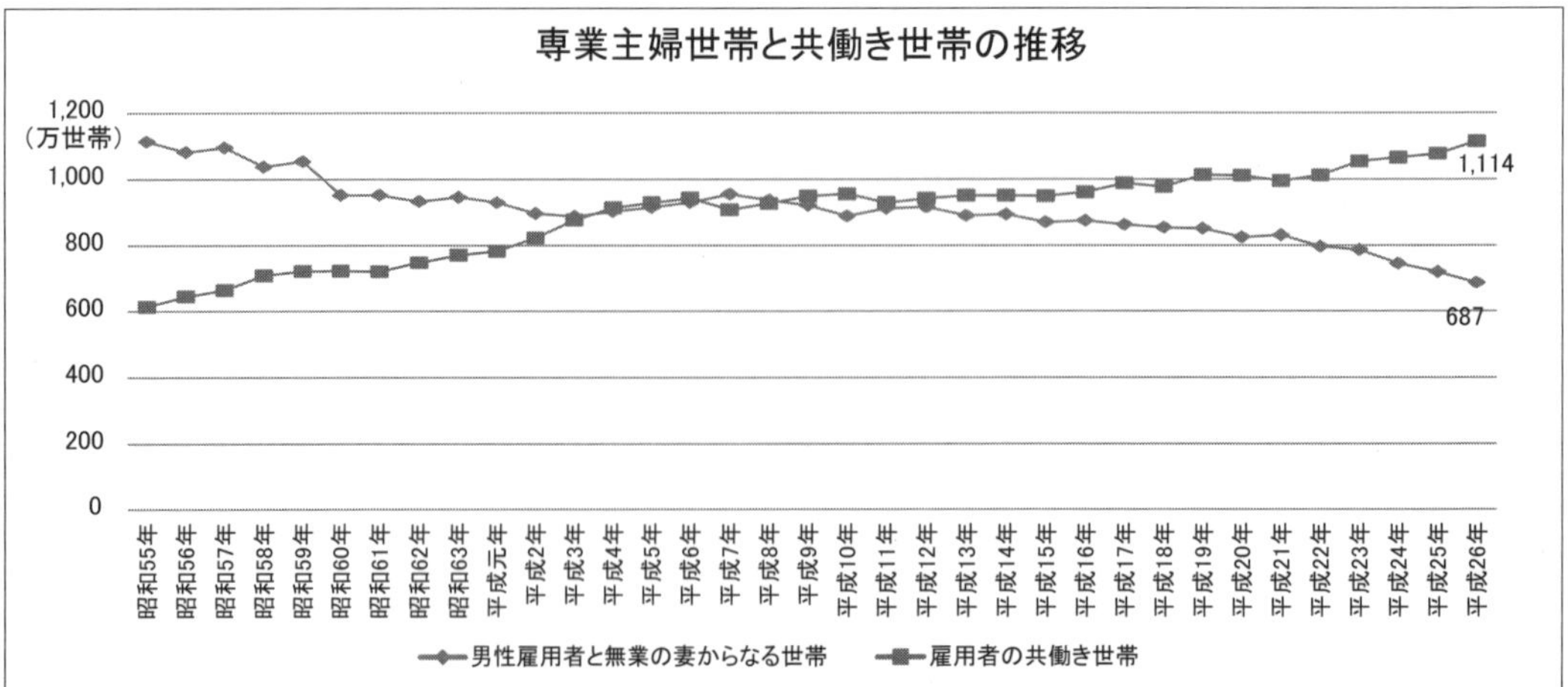

（注）1.「 男性雇用者と無業の妻からなる世帯」とは、夫が非農林業雇用者で、妻が非就業者（非労働力人口及び完全失業者）の世帯。
2.「 雇用者の共働き世帯」とは、夫婦ともに非農林業雇用者の世帯。
3. 2011 年は、東日本大震災の影響により、全国の調査結果が公表されていないため、掲載をしていない。
4.「 労働力調査特別調査」と「労働力調査（詳細集計）」とでは、調査方法、調査月などが相違することから、時系列比較には注意を要する。
資料出所：1980 〜2001 年は総務省「労働力調査特別調査」、2002 年以降は総務省「労働力調査（詳細集計）（年平均）」を基に作成。

（出典）厚生労働省

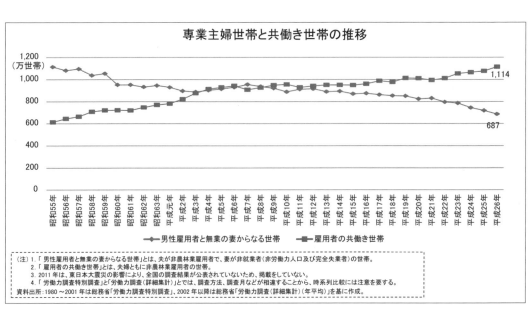

「小１の壁」に悩む多くの家庭

「小１の壁」とは、保育園に通っていた子どもが小学生になるタイミングで、働くママが直面する数々の困難のこと。働くママのほとんどが、この「小１の壁」に不安を抱いていて、転職・退職を考える人もいるという。

最大の「壁」は、下校時間が早いこと。そこで、母親が仕事を持つなど、迎えに行けない家庭の子どもは放課後児童クラブを利用することになるが、お迎えの時間は、保育園より早い。

また、「長期休暇の壁」もある。夏季休暇になると、放課後児童クラブに毎日通わせることになり、弁当作りなどに追われる。加えて、宿題や持参物、提出物などのサポートも必要になる。小さいうちは親のフォローが必要で、働くママはますます時間を取られる。地域の役員やＰＴＡ関係の仕事が回ってきたり、子どもの友人関係が気になったりと、今までと違う新たな壁に立ち向かわねばならない。

□小１の壁打破のために

共働き家庭等が直面する「小１の壁」を打破する観点から、厚生労働省と文部科学省が連携し、平成26年7月に「放課後子ども総合プラン」を策定。平成30年には、向こう5年間を対象とする新たな放課後児童対策のプラン「新・放課後子ども総合プラン」をとりまとめた。「小１の壁」「待機児童」問題を解消するとともに、全ての児童が放課後を安全・安心に過ごし、多様な体験活動を行うことができるよう、以下の目標（抜粋）が設定されている。放課後児童クラブの量的拡充を図り、２０２１年度末までに

エッ何⁉

俺なんか変なこと…

「小１の壁」知らないのッ⁉

学童入れても今の保育園より1時間も早くお迎え行かなきゃだし夏休みやら長期休暇はお弁当も作らなきゃだし
保護者会だのＰＴＡだの余裕で平日開催なのよ⁉

そんな環境で仕事続けるなんて絶対無理よォ〜〜〜!!

約25万人分を整備すること、待機児童の解消を目指し、女性就業率の上昇を踏まえ2023年度末までにさらに約5万人分を整備すること、5年間で約30万人分の受け皿を整備する、というものだ。

新・放課後子ども総合プラン

（2018（平成30）年9月14日公表）

背景・課題

○現行プランにおける放課後児童クラブ、放課後子供教室の両事業の実績は、放課後児童クラブの約30万人分整備が順調に進むなど、大きく伸びているが、近年の女性就業率の上昇等により、更なる共働き家庭等の児童数の増加が見込まれており、「小1の壁」を打破するとともに待機児童を解消するため放課後児童クラブの追加的な整備が不可欠な状況。

○小学校内で両事業を行う「一体型」の実施は、増加傾向にあるものの目標への到達を果たしていない。一方で、地域の実情に応じて社会教育施設や児童館等の小学校以外の施設を活用して両事業を行い、多様な体験・活動を行っている例も見られる。

○そのため、引き続き共働き家庭等の「小1の壁」・「待機児童」を解消するとともに、全ての児童が放課後を安全・安心に過ごし、多様な体験・活動を行うことができるよう、放課後児童クラブと放課後子供教室の両事業の計画的な整備等を推進するため、下記のとおり目標を設定し、新たなプランを策定。

「新・放課後子ども総合プラン」に掲げる目標（2019～2023年）

■放課後児童クラブについて、2021年度末までに約25万人分を整備し、待機児童解消を目指し、その後も女性就業率の上昇を踏まえ2023年度末までに計約30万人分の受け皿を整備（約122万人⇒約152万人）

■全ての小学校区で、両事業を一体的に又は連携して実施し、うち小学校内で一体型として1万箇所以上で実施することを目指す。

■両事業を新たに整備等する場合には、学校施設を徹底的に活用することとし、新たに開設する放課後児童クラブの約80%を小学校内で実施することを目指す。

■子どもの主体性を尊重し、子どもの健全な育成を図る放課後児童クラブの役割を徹底し、子どもの自主性、社会性等のより一層の向上を図る。

（出典）厚生労働省・文部科学省

用語解説

テレワーク

テレワークとは、〝Ｔｅｌｅ＝離れたところ＋Ｗｏｒｋ＝働く〟を組み合わせた造語。情報通信技術（ＩＣＴ）を活用した、場所や時間にとらわれない柔軟な働き方のことを示す。例えば、会社に出勤せず自宅などで仕事をし、打ち合わせや報告はＷｅｂ会議で対応する、労働時間やスケジュール、進捗などをクラウド上で一括管理する、などの働き方がある。

業績の評価や、労働時間の確認が難しいなどのデメリットがあるが、家庭と仕事の両立、地方就業者による地域活性化、通勤ラッシュの緩和、子育てや介護などをしながら就業ができるなどメリットも多い。

総務省はＩＣＴ活用の促進を進めており、在宅型テレワークの推進に取り組んでいる。大企業から導入され、だんだんと中小企業にも浸透してきている。

簡単にいうと今までみたいに会社に来なくても在宅勤務やモバイルワークができるという働き方のことなんだ

テレワークとは情報通信技術(ICT)を活用した場所や時間にとらわれない柔軟な働き方のこと。tele＝離れたところ、work＝働くを組み合わせた造語である。

具体的には出退勤やスケジュールをクラウドで一括管理したり、ウェブ会議を導入したりする。

第2章

テレワークを推奨する「WORK SMILE LABO」とは

だって一年半前に私が入社した当時はワクスマも(株)石井事務機センターって名前の古〜い体質の会社だったのよ
テレワーク始めたのも私が最初なの

「毎朝会社に出勤すべき！」
「本当に？目的が達成されれば、手段は他にもあるのでは？」
テレワーク導入は、当たり前とされてきたしきたりを考え直すチャンスでもあるんだよね

というわけで…
突然特命係長に任命されちゃって…
あはは、面白いですねその社長さん!
なのでお願い玉野さん!テレワークのこと、もっと教えて!
モチロン!私はテレワークを広めるのが仕事だもの
梨花さんみたいな人が出てくるのを待ってたくらい!
私のことはひろみでいいよ
私も梨花で!
同志!!
そもそも、どうしてひろみはテレワークをするようになったの?
私ね、もともとボディケアの店で店長やってたの
4年間働いて26歳で結婚、すぐに子供ができて…

好きな仕事だから
続けたかったけど、
販売員ってなかなか
休み取りづらいのよ…
店長が休んでばかりじゃ
示しがつかないからって
結局退社…

でも働かないと
家計成り立たないから、
子供は保育園入れなきゃ
だけど倍率は高いし、
「現時点で働いてる」人が
優先でしょう?

だから必死で就活するんだけど
これが大変!
小さい子がいるってだけで
書類落とされるし、
土日休み・残業ムリって伝えた
途端、面接でもサヨナラ…

で、もう給料下がっても入れるならどこでも！って追い詰められてる時に出会ったのが今の会社なの「ワークスマイルラボ」略して「ワクスマ」

「ワクスマ」？

カッコイイ……！

やっぱりテレワークとか導入してる企業は進んでるよね…!!

あははは！

エッ、な何がおかしいの??

だって一年半前に私が入社した当時はワクスマも(株)石井事務機センターって名前の古〜い体質の会社だったのよ
テレワーク始めたのも私が最初なの
そんなに最近のことなんだ…！

でもそれだけ定着してるってすごいよ!!

ウチは社長が気合入ってるからね
さあ我が社に着いたよ！

百聞は一見に如かず！

テレワークがどんなものか、実際に見てもらうのが一番ね!!

ドキ
ドキ
ワッ
すごーい!!
テレワーク…
きっとこんな感じの
近未来的な…?
ガラーーーン…
ここが
ワークスマイルラボ!
今後主流になる
オフィスの形よ
……………
……え、
あ、あの
社員さん
達は…!?
みんな営業で
出払ってたり、
自宅作業の人は
自宅で仕事中!

かッ、会社ガラガラじゃない!?
そりゃテレワークだもの、会社に来なくても仕事できるシステムになってるよ
出退勤はクラウド管理、それぞれの作業内容や時間も全部パソコンで把握できるしマイクとスピーカーがあればウェブ会議だって簡単にできちゃうのよ
え?え?打ち合わせも?っていうかデータとかそんな簡単に社外持ち出しOKなの??
うちなんてノートパソコンすらアウトなのに…!?
梨花は本当に常識人だよね
まあそう慌てずに、コーヒーでも飲みながらゆっくり話そうよ
はぁ〜〜〜
これがテレワークを導入した会社の姿かあ…ビックリよ
だいぶ予想と違ってたみたいだね
ウチも最初からこうだったわけじゃないよ試行錯誤しながら1年半かけてようやく…本当に大変だった

ねえ、実際今のひろみはどんな生活スタイルなの？
基本的には家で仕事して取材や面談があれば出社するけど、だいたいアポは午前中に入れてお昼には帰っちゃう
そ…そんなんでいいんだ…!?
会社に寄らず家から訪問先に行って、そのまま直帰もザラだし
サテライトオフィス
訪問先
自宅
会社
通勤なし、定時なしで好きな時間に仕事できるから本当に楽よ 夕方の渋滞に巻き込まれることもなく夕飯の買い物もスムーズ、宅配便もムリなく受け取れる…
冷蔵
わかる！！
再配達の手続きって
メンドーなのよね
時間にとらわれないから、「遅刻だ〜〜!!」って朝もバタバタしなくていいし子供にもしっかり時間かけてあげられるようになって心に余裕ができたのが一番嬉しいかな

羨ましい〜〜!!
そうなの、それで遅れたり早退したりすると「これだから小さい子供がいる奴は使えないんだ」って叩かれるし〜〜!!
独身の人や子育てに無関係の人にとっちゃ他人事だもんねえ
ビエエエ〜〜ン!!
「毎朝会社に出勤すべき！」
「本当に？目的が達成されれば、手段は他にもあるのでは？」
テレワーク導入は、当たり前とされてきたしきたりを考え直すチャンスでもあるんだよね
そっかあ…うちなんてもろにしきたりに縛られてる会社だからなあ…
根性!!
24時間働けますか世代
上司が残業してるのに帰れない…
無気力サトリ世代
また チコク!?
お局
カンケーないし
合コン命
やっぱりうちがテレワーク導入なんてムリかもみんなが受け入れてくれるワケが…
アタマ痛い…
ス…
でも、そこに困ってるあなたがいるってのはチャンスなんじゃない??
あっ社長!!
バーン!!
テレワーク導入で現状打破できるなら今この状況こそがチャンスなんですよ梨花さん!!
そ、そういうモンですかね…

それに玉野から聞きましたが、テレワークには社長さんも興味をお持ちとか？

はあ…冗談なのか本気なのか分からないんですけど、テレワークには会社の将来がかかってるって言い張ってまして…

それはすごく大きなプラスですよ！テレワーク導入を拒む一番の原因は社長のマインド！社長の考え方次第で、会社は大きく変わるんです!!

そう、変わるべくは100％経営者・管理者ですよ!!上が変われば下も変わるんだから！

いやあ、私も完全に同感です！社長が変われば会社も変わる!!

ガシッ
い、いつの間にここに？やっぱりストーカー??

来週の朝礼で発表だッ！！

やはり私の考えは間違ってなかった…テレワーク導入は我が社の生命線！桃山さんッ!!社員への周知と説明、よろしく頼んだよ!!

…え!?わ、私に丸投げ、なの…??

社会問題トピック

ライフステージにより生活が変わる女性の社会進出の妨げにも

ひろみのように、結婚や出産を機に退職する女性は多い。日本の女性就業率を年代別でみると、20代から就業率の減少が始まり、30歳から34歳で底を打ち、再び上昇している。「M字カーブ」と呼ばれる、世界的にも珍しい現象だ。就業率が落ち込む要因として挙げられるのが結婚や出産だが、近年はM字カーブのへこみが緩やかになり、働き続けたい女性が増えていることが確認できる。

しかし、仕事を続けようとするママには、数々の困難が待ち受けている。休みがとりづらいために退社を余儀なくされたり、再就職を目指しても子どもがいるということだけで不採用になったりと、働くことへのハードルが高いのが実情だ。

福利厚生の一環として「仕事と育児の両立支援」を行う企業も多い。制度の充実により、復職までのブランクが長い社員や、時間制約のある社員が増えたことで、人員配置や担当などマネジメントの課題が挙げられている。こういった現状を受け、早期復職、早期フルタイム化を促す企業が増えてきた。「仕事と育児の両立支援」は、育児面に配慮した支援から、キャリア面を支援する方向に転換しつつある。

性別や理由に関係なく柔軟な働き方が求められる今、ワークスタイル変革の手法として注目されているのがテレワークだ。

用語解説

WORK《ワーク》 SMILE《スマイル》 LABO《ラボ》とは

テレワークをはじめとしたワークスタイル変革による、中小企業の課題解決に取り組んでいる、株式会社WORK SMILE LABO(通称ワクスマ)。同社がテレワークに取り組んだのは2016年。子どもの看病のために、週に1、2度出社できないことがある女性パート社員の離職を防ぐことと、持病を抱え、就業が困難になってしまった女性社員の雇用をなんとか継続させるためだった。

テレワークを開始するにあたって意識したことは二点。一つは、ただ仕事を家に持ち帰るのではなく、事務所と同じ環境で仕事ができるように、「労務管理」「ストレスのないコミュニケーション」「情報セキュリティー」の環境を整えたこと。

もう一つは、中小企業でも導入できる費用で前述の環境を構築することだ。大企業向けの高価なテレワークシステムは多いが、中小企業向けのローコストなサービスはなかった。既存の商品やサービスを組み合わることで、月々3万円程度で導入できるテレワークシステムを構築した。

ワクスマの使命は、中小企業の新しい働き方のモデルを実践・検証して、お客様に伝えていくこと。自分たちで実践して得たテレワークのノウハウをお客様に全面的に公開し、顧客企業の人財確保や生産性向上をサポートしている。

ワクスマでは、テレワーク開始後すぐに、二つのメリットがあることがわかった。

①出退勤時間がなくなり、仕事の合間の休憩時間に家事を行うことができ、生活にゆとりが生まれる。

②社内と同じ環境で仕事しながらも、電話対応、来客対応がない分、業務の生産性が向上する。

導入1ヵ月後には内勤者全員のテレワークを実施。業務の効率が上がった他、本来は産休に入る社員が、空き時間を利用し

百聞は一見に如かず!
テレワークがどんなものか、実際に見てもらうのが一番ね!!

て仕事を継続できるなどのメリットもあった。

1年後には外回りの営業も含む全社員にテレワークを導入。営業マンにテレワークを導入すると「会社に来ないでサボるのではないか?」といった不安を感じる経営者もいる。しかしワクスマの石井社長は「外回りの営業マンこそテレワークを導入すべき!」と感じている。

ワクスマのテレワークは、『労務管理』『コミュニケーション』『情報セキュリティー』『価格』の4つの課題を、既存の商品やサービスを組み合わせて、安価で操作や運用が容易な環境を作ることで改善した。

以下がその方法だ。

□労務管理

出退勤をクラウドで管理し、携帯で出退勤の打刻と位置情報が確認できる。

□コミュニケーション

Web会議システムを活用し、社内テレビを設置してテレワーク勤務者と常時接続。

□情報セキュリティー

社内データはすべて共有サーバーで管理し、社内のセキュリティーレベルを強化。

□価格

既存の製品を上手く組み合わせることで、安価でかつ上記の課題も解決できる仕組みを完成。

WORK SMILE LABOで取り入れているアイデア

営業社員には、朝礼に参加し、顧客周りをした後は、カフェなどでの残務処理含め、直帰も容認。車での移動時間が削減され、顧客訪問の合間時間で資料や見積り作成ができるようになったため、残業時間の削減につながっている。

　Web会議システムを活用。社内にテレビを設置してテレワーク勤務者と常時接続。マイク・スピーカーを通して会話ができ、画面を共有することで複雑なやり取りもできる。

　出退勤はクラウドで管理。携帯で出退勤の打刻と位置情報が確認できる。PCログ管理システムを活用し、作業時間や作業内容の見える化を実現。

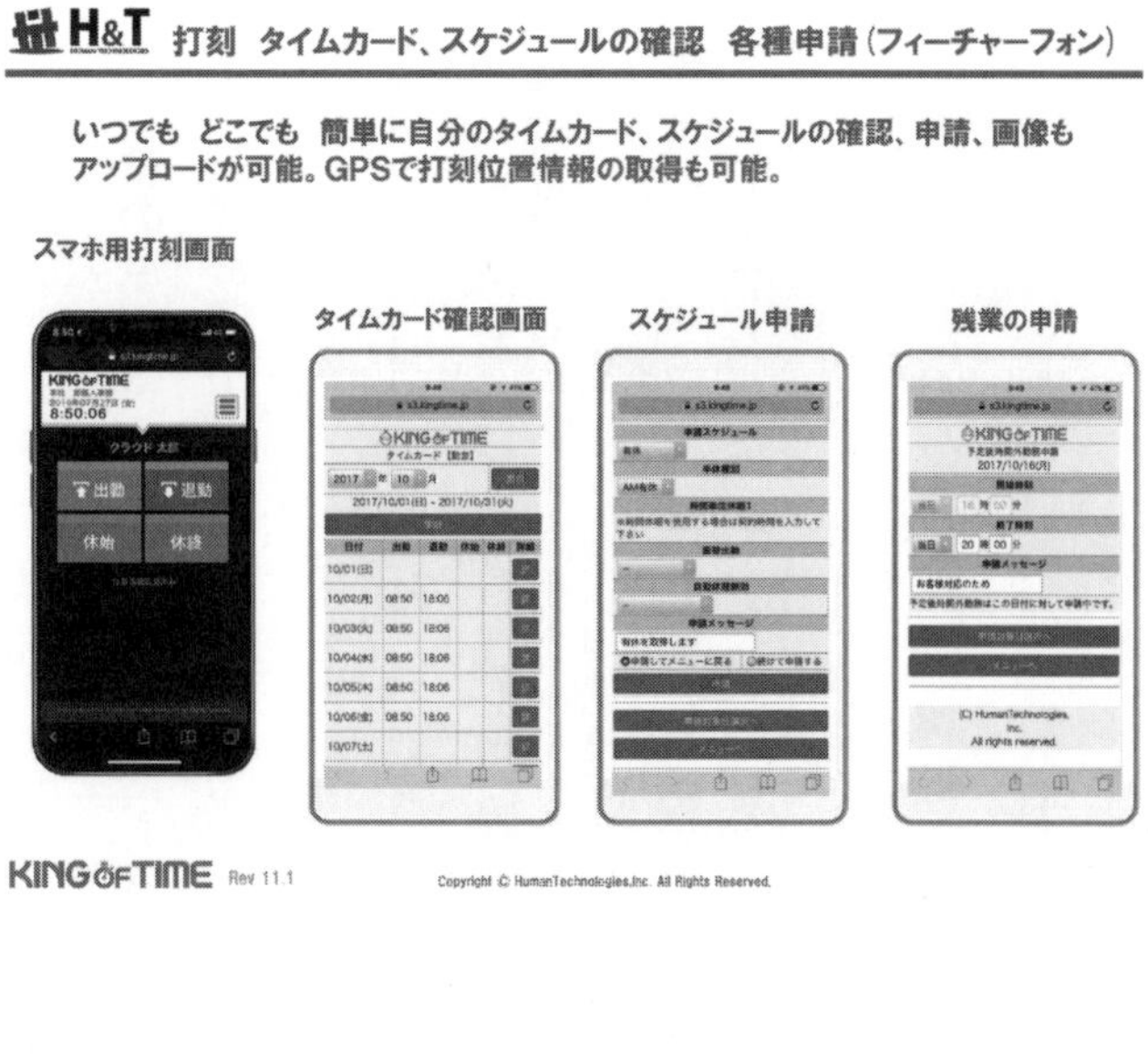
H&T
打刻　タイムカード、スケジュールの確認　各種申請（フィーチャーフォン）
いつでも　どこでも　簡単に自分のタイムカード、スケジュールの確認、申請、画像もアップロードが可能。GPSで打刻位置情報の取得も可能。
スマホ用打刻画面
タイムカード確認画面
スケジュール申請
残業の申請
KING OF TIME Rev 11.1
Copyright © HumanTechnologies,Inc. All Rights Reserved.

新しい常識

社長の考え方が会社を変える

大岡山エージェンシーのように、空間や時間を社員全員で共有することが重要な働き方になっている上に、勤務時間内、時間外に本音での話ができないと、なかなか仲間として仕事の輪に入れないという会社が多い。この感覚が暗黙の前提となって、テレワークの導入を阻害している。

共有するのは空間、時間、感覚だけではない。日本では仕事を部署全体で共有。たとえば休暇中の人の業務に対しても、必ず別の人が対応しフォローする。このようなジョブ共有型のため、個人の業務内容を厳密には切り出しにくく、これが在宅ワークだけでなく、残業削減、有給消化促進などの障害になっている。

「やっぱりうちがテレワーク導入なんてムリかも」

「みんなが受け入れてくれるワケがない」

梨花のように頭を抱えてしまいそうになるかもしれないが、社員は常に社長の背中を見ていて、それが社風になる。中途採用を含め、良い人財を採用すること自体が難しいにも関わらず、育児や出産を考慮して採用の幅を自ら狭くすることは、自分の首を絞めているのと同じだといえる。

しかし、「働き方改革って何をしたらいいのだろう?」と感じている経営者がほとんどではないだろうか。実はテレワークを阻む一番の原因は、社長のマインドにある。

まずは経営者がテレワークに興味を持つこと。そうすれば、さまざまな障壁が見えてくる。そして、その問題点を明確にし、障壁をなくす働き方をみんなで議論しながら模索することが第一歩となるだろう。社長の考え方次第で、会社は大きく変わる。働き方のシステムよりも先に、経営者、管理者が変わらなければならないのだ。

第3章

会社にいれば、社員を管理できるの？

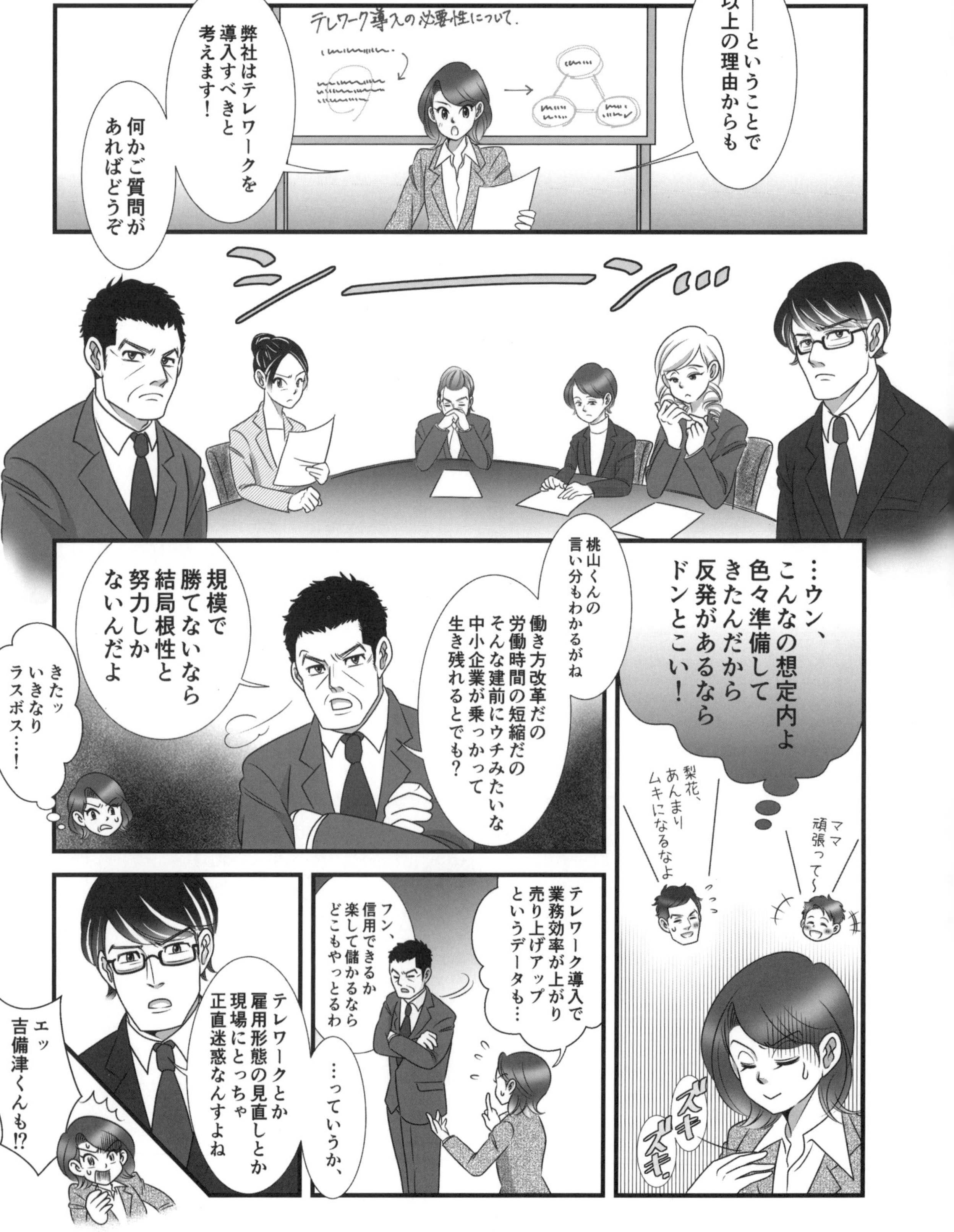
テレワーク導入の必要性について.
――ということで以上の理由からも
弊社はテレワークを導入すべきと考えます！
何かご質問があればどうぞ
シーーーーン…
…ウン、こんなの想定内よ色々準備してきたんだから反発があるならドンとこい！
ママ頑張って〜
梨花、あんまりムキになるなよ
桃山くんの言い分もわかるがね
働き方改革だの労働時間の短縮だのそんな建前にウチみたいな中小企業が乗っかって生き残れるとでも？
規模で勝てないなら結局根性と努力しかないんだよ
きたッ いきなりラスボス…！
テレワーク導入で業務効率が上がり売り上げアップというデータも…
フン、信用できるか楽して儲かるならどこもやっとるわ
…っていうか、
テレワークとか雇用形態の見直しとか現場にとっちゃ正直迷惑なんすよね
エッ吉備津くんも!?
ズキズキ

残業禁止で帰れって言われたって仕事は山積みだしクライアント電話にも対応しなきゃいけない
RRR
納期
会社追い出された知り合いの奴ら、みんなカフェで仕事しながら「こんなんだったら会社で残業した方がマシ」って文句言ってますよ
タダでさえ忙しいのに、今さら環境変えるとか余計なことしないでもらいたいんすよね
ウッ
ウウッ
それにテレワークとか育児してる人だけ優遇されて逆差別じゃないの？子供のことなんて結局プライベートなわけでしょ
work.
private.
それを会社が認めたら桃山さんの仕事のしわ寄せが全部私たちにくるじゃない
その上出社しなくていいだなんて、都合が良すぎるわよ
旭さんだってそう思うでしょ？
被害妄想
無関心
エ〜、あたしは結婚とか子育てとかまだ先だしどっちでもいっかナ…
強敵すぎる…
社長〜〜〜〜!!…って寝てるしッ
ZZZ…
出社せず家で仕事してますって、そんなのどうやって証明するんだ？
パソコン上で作業時間や内容を管理できるシステムが…
パソコンいじってれば仕事してることになるのか？
誰が見てなくても仕事してるって、本当に全員が信じられるのかね？

〜〜〜〜〜…!!
ハッ、みんな出社せず仕事できるなら、この世に会社なんていらんだろ
出退勤含む労務の管理が本当にできるのか？
テレワークの課題はまずそこからだろうな！
さっムダな会議はおわり!! 仕事だッ
……
悔しい〜〜〜〜!!!
ドーンッ!!
反対は覚悟してたけどあそこまで全員からボロクソに言われるなんて…
まぁまぁ、最初はそんなもんよ…私の時もそうだったんだから
自分の安定が脅かされそうになると、抗うのが人の常なの
ここからは第2ステップよ、会社の体質を変えるべく徹底して突き進むの！
抵抗は大きいけど梨花の行動で助けられる人が必ずいるから！
…本当に？そんな人…いるのかな…
Bar

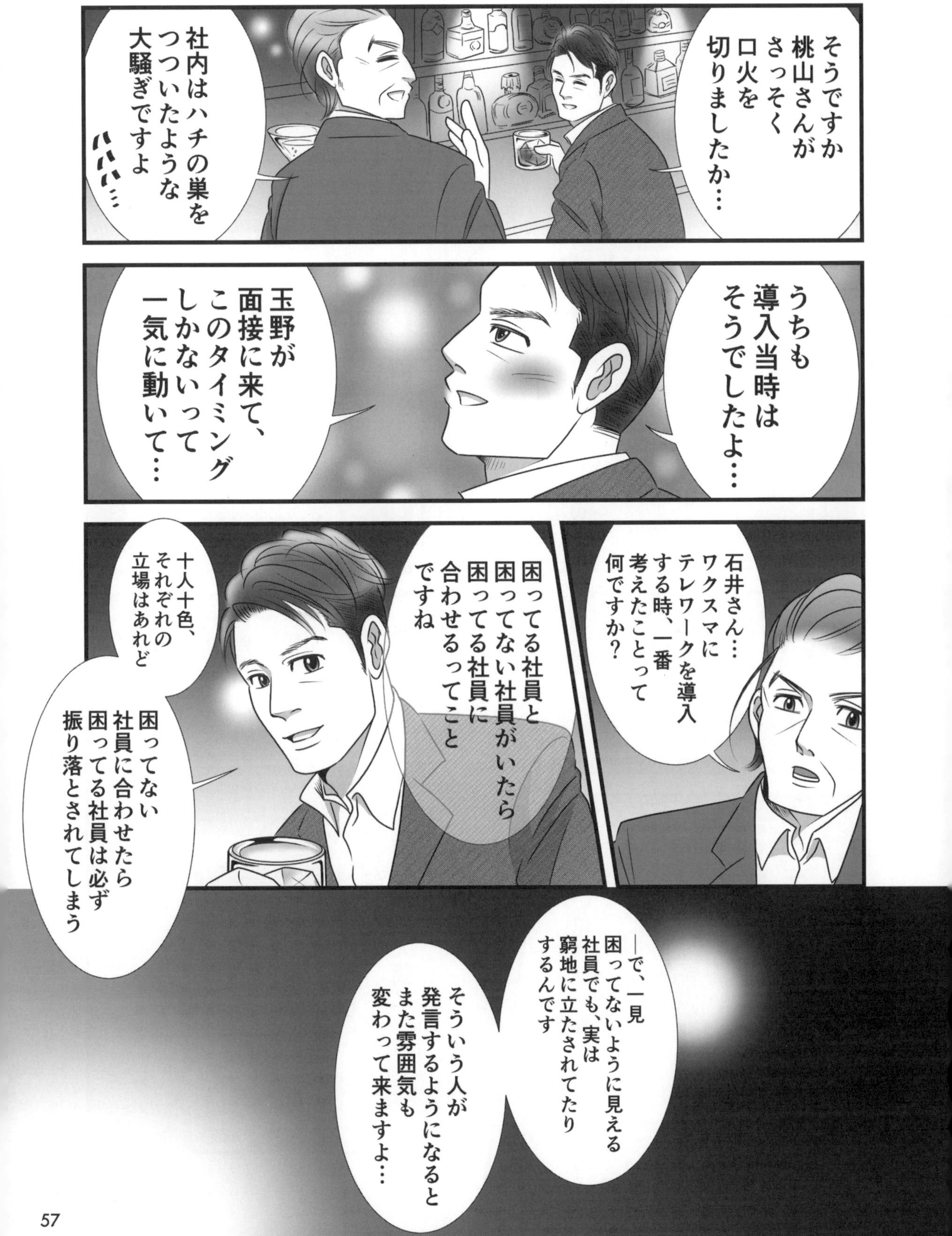
そうですか桃山さんがさっそく口火を切りましたか…
社内はハチの巣をつついたような大騒ぎですよ
ハハハ…
うちも導入当時はそうでしたよ…
玉野が面接に来て、このタイミングしかないって一気に動いて…
石井さん…ワクスマにテレワークを導入する時、一番考えたことって何ですか？
困ってる社員と困ってない社員がいたら困ってる社員に合わせるってことですね
十人十色、それぞれの立場はあれど
困ってない社員に合わせたら困ってる社員は必ず振り落とされてしまう
―で、一見困ってないように見える社員でも、実は窮地に立たされてたりするんです
そういう人が発言するようになるとまた雰囲気も変わって来ますよ…

西大寺のバーロー!!
そんなに会社が好きなら
会社と結婚しろってんだッ!!
梨花って
酔うと
口悪くなるよね…
ホラ
しっかり!!
――…?
あれ、高梁さん?
あら、
桃山さん
こんな所で、
どうされたん
ですか?
あは、何だか
恥ずかしいとこ
見られちゃった
わね
認知症の義母を
在宅介護してるん
だけど、こうして時々
徘徊しちゃうの…
連れ戻すのが
大変でね
そ、
そうだったん
ですか…
ねえ
桃山さん
テレワークの話、
私はすごく
良いと思うわ
働く時間が
自由になれば
助かる人って
子育て世代
だけじゃない
私みたいな
介護してる人間に
とっても
必要だから…
う〜ん
…
はいはい、
お義母さん
帰りま
しょうね
うん!
苦労してるのは
梨花だけじゃ
ないってことね
テレワーク導入で
救われるのは
私だけじゃないんだ…!

会議室
労務管理の解決策として、ご提案があります
1ヶ月！実験で私にテレワークをやらせてください！管理に必要な機材等は知り合いから借りて来ます
バカな…1ヶ月仮導入だと？
ナルホド
やってみなきゃ成果の程は分からんもんな
想像だけで話し合ってもテレワークの価値はわかりません！一度やってみて、皆さんの判断を仰げればと思います
それで能率や売り上げが落ちて会社に迷惑をかけるようであれば、潔くテレワーク導入は諦めます！
1ヶ月、私を見ていてください…!!

1ヶ月後…

ではテレワーク実験結果を検証したいと思います
出社時間は先月の半分、残りはずっと自宅作業ということだったが現場はどうだ？桃山くんの仕事量はどうなった？

せ、先月より上がってます…！

なッ、何ィ⁉

半分の時間しか会社にいなかったのに、仕事量は上がってるだと⁉

自宅勤務のシステムを整えたら、能率が格段に上がりました！

通勤時間も浮くし急な来客や電話に振り回されないので予想以上に仕事がはかどるんです！

確かに、会社にいるからってみんな100％のパフォーマンスを発揮してるわけじゃないしな
むう…しかししょっちゅう席を空けて不都合なこともあったろう？

ん～？でも何かあればケータイかけるしウェブ会議も意外と簡単だったし慣れちゃえばどうってことないですよお
まぁ会社にいようがいまいが、やることやって結果出してもらったらどっちでもいいんだが…

社長っ‼そんな甘いこと言って、それでみんながサボり出したら会社はどうなる…

好きにやらせたら
みんなサボるって
思ってる人は…
きっと自分が
サボってきた
人なんでしょーね
ウグッ
…な～んちゃって
よくぞ
言った!!
ひとまず
労務管理については
クリアだな
桃山さん、引き続き
続けてみて
何か問題があれば
報告してくれ！
頼んだぞ
パアアアッ
ハイッ！
これからも、
テレワーク勤務
頑張りますッ!!!
……ッ

社会問題トピック

「働き方改革」実現に向けて

働く人が、それぞれの事情に応じた多様な働き方が選択できる社会を実現する「働き方改革」。二つのポイントについて、詳しく説明しよう。

ポイント1　労働時間法制の見直し

働き過ぎを防ぐことで、働く人の健康を守り、多様な「ワーク・ライフ・バランス」を実現する

ポイント2　雇用形態に関わらない公正な待遇の確保

同一企業内における正社員と非正規社員の間にある不合理な待遇の差をなくし、どのような雇用形態を選択しても「納得」できるようにする

□働き方改革の基本的な考え方

「働き方改革」は、働く人々が個々の事情に応じた多様で柔軟な働き方を、自分で「選択」できるようにするための改革である。

日本が直面する「少子高齢化に伴う生産年齢人口の減少」、「働く人々のニーズの多様化」などの課題に対応するためには、投資やイノベーションによる生産性向上とともに、就業機会の拡大や意欲・能力を存分に発揮できる環境をつくることが必要だ。

働く人の置かれた個々の事情に応じ、多様な働き方を選択できる社会を実現することで、成長と分配の好循環を構築し、働く人一人一人がより良い将来の展望を持てるようにすることを目指している。

□労働時間法制の見直しの目的

「働き過ぎ」を防ぎながら、「ワーク・ライフ・バランス」と「多様で柔軟な働き方」を実現することを目的としている。長時間労働をなくし、年次有給休暇を取得しやすくすること等によって、個々の事情にあった多様なワーク・ライフ・バランスの実現を目指す。また、働き過ぎを防いで健康を守る措置をしたうえで、自律的な創造的な働き方を希望する人々のための新たな制度をつくる。

□労働時間法制の見直しの内容

①時間の上限を規制する

現在は、法律上は残業時間の上限はないため、

改正後は法律で残業時間の上限を定め、これを超える残業はできなくなる残業時間の上限規制を行う。

たとえば、残業時間の上限は、原則として月45時間・年360時間とし、臨時的な特別の事情がなければこれを超えることはできない。（月45時間は、1日当たり2時間程度の残業に相当する）

また、臨時的な特別の事情があって労使が合意する場合でも、年720時間以内、複数月平均80時間以内（休日労働を含む）月100時間未満（休日労働を含む）を超えることはできない。原則である「月45時間」を超えることができるのは、年間6カ月まで。

見直しの概要（残業時間の上限規制）

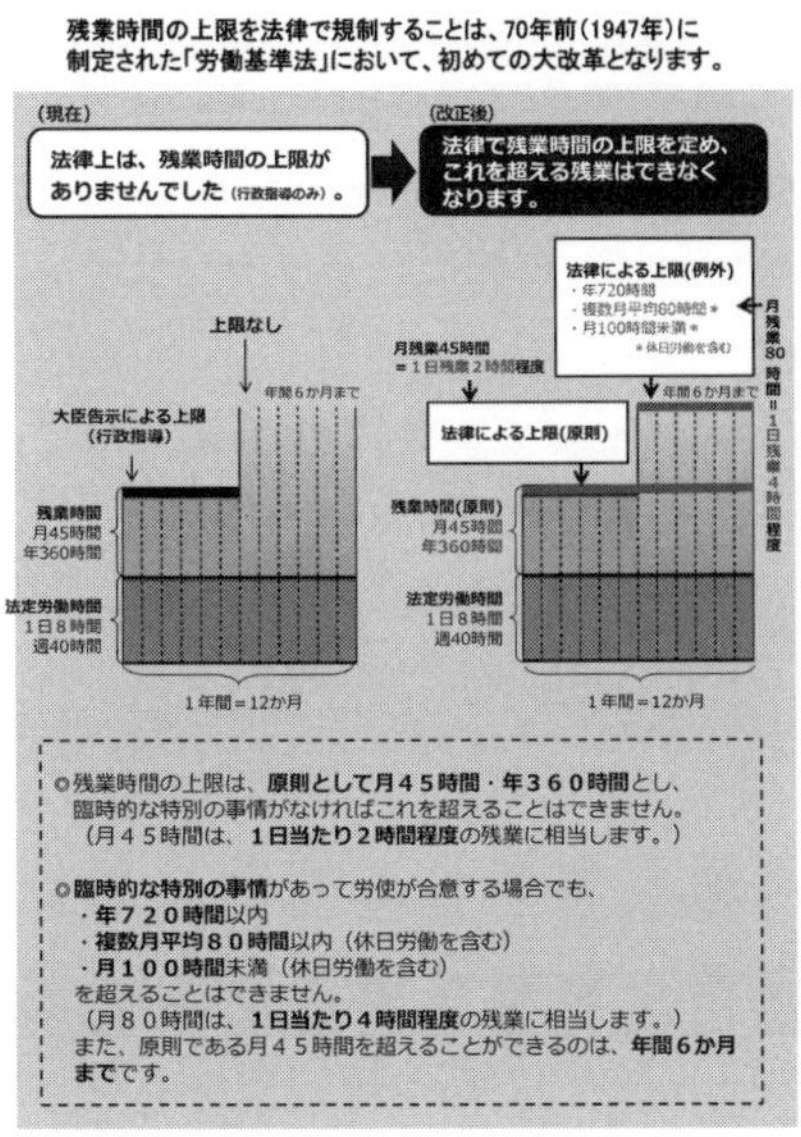

（出典）厚生労働省
「働き方改革～一億総活躍社会の実現に向けて～」

②「勤務間インターバル」制度の導入を促す

「勤務間インターバル」制度とは、1日の勤務終了後、翌日の出社までの間に、一定時間以上の休息時間（インターバル）を確保する仕組みだ。この仕組みを企業の努力義務とすることで、働く人の十分な生活時間や睡眠時間を確保することを目的とした導入となる。

③一人一年あたり5日間の年次有給休暇の取得を、企業に義務付ける

64ページのグラフから見て分かる通り、年次有給休暇の取得率は、近年5割を下回る水準で推移している。

現在は労働者が自ら申し出なければ年休を取得できなかった。改正後は使用者が労働者の希望を聞き、希望をふまえて時季を指定し、「年5日」は取得できるようになる。

④月60時間を超える残業は、割増賃金率を引き上げる（25%→50%）

大企業は平成22年度から、中小企業で働く人にも適用する。

⑤労働時間の状況を客観的に把握するよう、企業に義務づける

働く人の健康管理を徹底する。（管理職、裁量労働制適用者も対象）

年次有給休暇の取得率等の推移（全国）

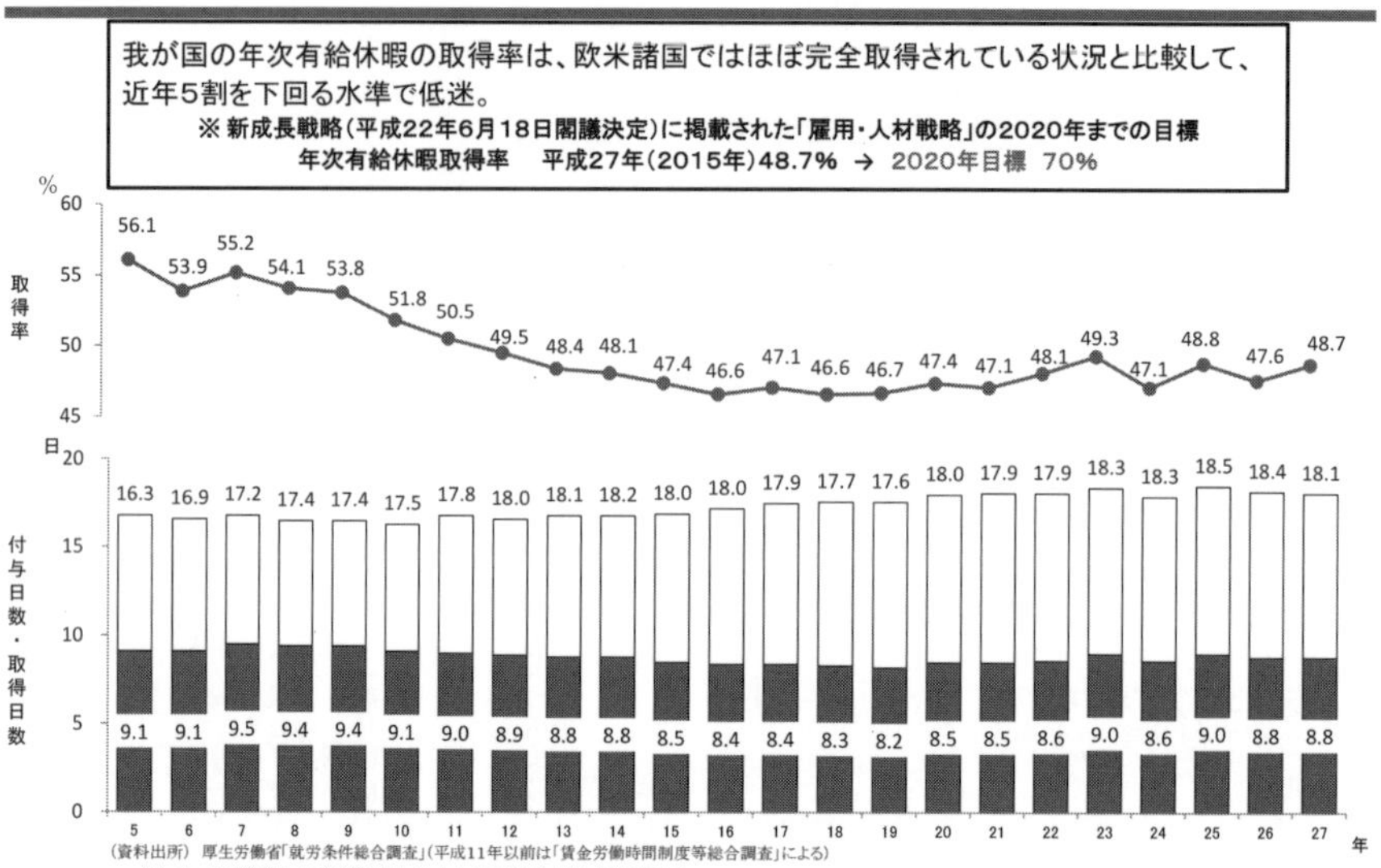

（資料出所）厚生労働省「就労条件総合調査」（平成11年以前は「賃金労働時間制度等総合調査」による）

（注）1）「対象労働者」は「常用労働者」から「パートタイム労働者」を除いた労働者である。
2）「付与日数」には、繰越日数を含まない。「取得率」は、全取得日数／全付与日数×100（%）である。
3）平成18年以前の調査対象：「本社の常用労働者が30人以上の民営企業」→平成19年以降の調査対象：「常用労働者が30人以上の民営企業」
（参考）平成18年以前の調査方法による平均取得率　（平成19年 47.7%）（平成20年 48.1%）（平成21年 48.2%）（平成22年 49.3%）

⑥「フレックスタイム制」により働きやすくするため、制度を拡充する

労働時間の調整が可能な期間（清算期間）を延長（1カ月→3カ月）する。また、子育て・介護をしながらでも、より働きやすい環境を目指す。これは、「6・7・8月の3カ月」の中で労働時間の調整が可能となるため、子育て中の親が8月の労働時間を短くすることで、夏休み中の子どもと過ごす時間を確保しやすくなる利点がある。

⑦専門的な職業の人の自律的で創造的な働き方である「高度プロフェッショナル制度」を新設し、選択できるようにする

前提として、働く人の健康を守る措置を義務化（罰則つき）し、対象を限定（一定の年収以上で特定の高度専門職のみが対象）する。

生産性を向上しつつ長期労働をなくすためには、これらの見直しとあわせ職場の管理職の意識改革・非効率な業務プロセスの見直し・取引慣行の改善（適性な納期設定など）を通じて、長時間労働をなくしていくことが必要だろう。

簡単に覆らない テレワークへの偏見

テレワークについて、たくさんのメリットがある一方で、世間一般にある偏見をなくすことが、テレワーク拡大に向けた、企業側と働く側、双方の課題かもしれない。

□「テレワーク=休んでいる」という偏見

テレワークで仕事をしている人が感じている偏見の一つに「休んでいると思われないか」ということが挙げられる。働いている側からすると「働いている姿を見せることも、仕事ぶりをアピールすることもできない。ならばよけいに成果を出さねばならない」と思いがちだ。

□「管理が難しい」という偏見

出退勤や、それぞれの仕事の進捗状況、仕事時間など。企業側は、姿が見えないことや、直接顔を合わせて会話ができないことから「どう管理すればいいのか」と戸惑う。

□「コミュニケーションが取れない」という偏見

数々の「会議」「打ち合わせ」を経てきた今までの企業体制。企業側は、テレワーク社員との密なコミュニケーションが取れないのではと思いがち。

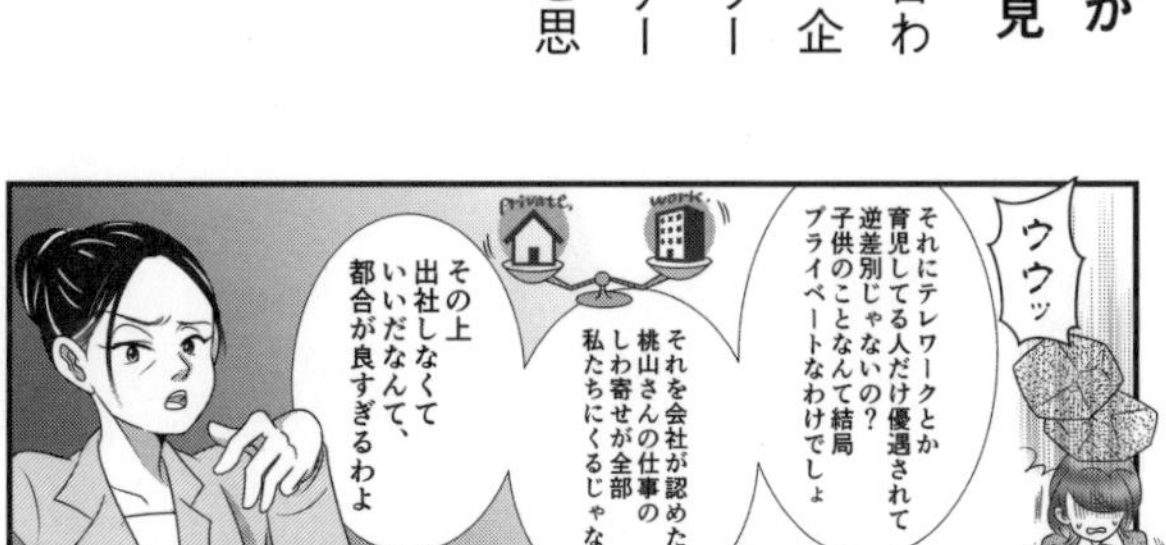

第4章

ＩＴ機器の導入で円滑なコミュニケーション

梨花に勇馬くん！オハヨ～
ひろみ！おはよー！
○○保育園
順調そうね、テレワーク！

お肌ツヤツヤだよ！

うん！おかげさまで…

まだ試運転の段階だけど仕事もプライベートも前とは大違い！

朝もこうしてゆっくり時間が取れるし、在宅ワークも効率化が図れて…

作業量もアップしてるし、私にはテレワークがすごく合ってるみたい！

そう…それなら良かった！

まぁ…今はとにかく結果を出し続けないといけないから、家でも必死なんだけどね！

少しでも気を抜いたら何言われるかわかんないし…

—ということで、しばらくはこの新企画に向けて、全社一丸となって頑張っていきましょう、
何かご意見は？

あ——…、ちょっといいかね？

話を蒸し返すようで悪いが、私は未だにテレワークについて納得がいっていなくてね
今吉備津くんが言ったように、これから社員全員で新規プロジェクトにあたろうって時に
朝来ても社員が全然いないなんて、そんなことで大丈夫なのか?
でも私も高梁さんも、出社せずとも家できちんと仕事してますし、午後の会議にはこうしてみんな集まってるんですから問題ないでしょう
今集まってるからいいとかいう話じゃないんだよ!
会社ってのは、みんながいつも一緒にいることでコミュニケーションが図れてチームとしてまとまるものなんだ
「みんな一緒」「みんな平等」でないと会社の結束が崩れていってしまうぞ
ねっ? 社長!!
んー? う〜ん…
わかりました!じゃあ明日は、私と西大寺さんでずっとテレビ電話繋ぎっぱなしで仕事しましょう
テレワークでは本当にコミュニケーションが取れないのかどうか試してみましょうよ!!
望むところだっ!!
みんな一緒、みんな一緒か…
そこがポイントなんですよね?
石井さん…

テレワーク導入に関しては、色々と失敗もしましたけどね
一番は「みんな一緒に」テレワークさせようとしたことなんですよ
ほう？というと？
テレワーク導入当初、在宅ワーク社員の時間給は会社勤務のものよりも下げたんです
会社にいる方が雑務も多いし、在宅は生産性も低いだろうと思ってね
¥
コピー取り
接客
電話応対
在宅
会社
でも始めてみたら出社してる人自宅作業の人、それぞれの業務が整理されることで全体の生産性も上がった
そこで私は調子に乗って「テレワークはいい！全員でやろう！」ってなったわけです
ハハ、「みんな一緒に」テレワークしちゃえ、と
そうなんです、でもそれは経営者側の押し付けでしかなかった…
社員の中には会社で仕事したい人もいるし、自宅で働きたい人もいる
それを一律に「こうしろ」と押し付けることで、あちこちから不満が出て…失敗したんです

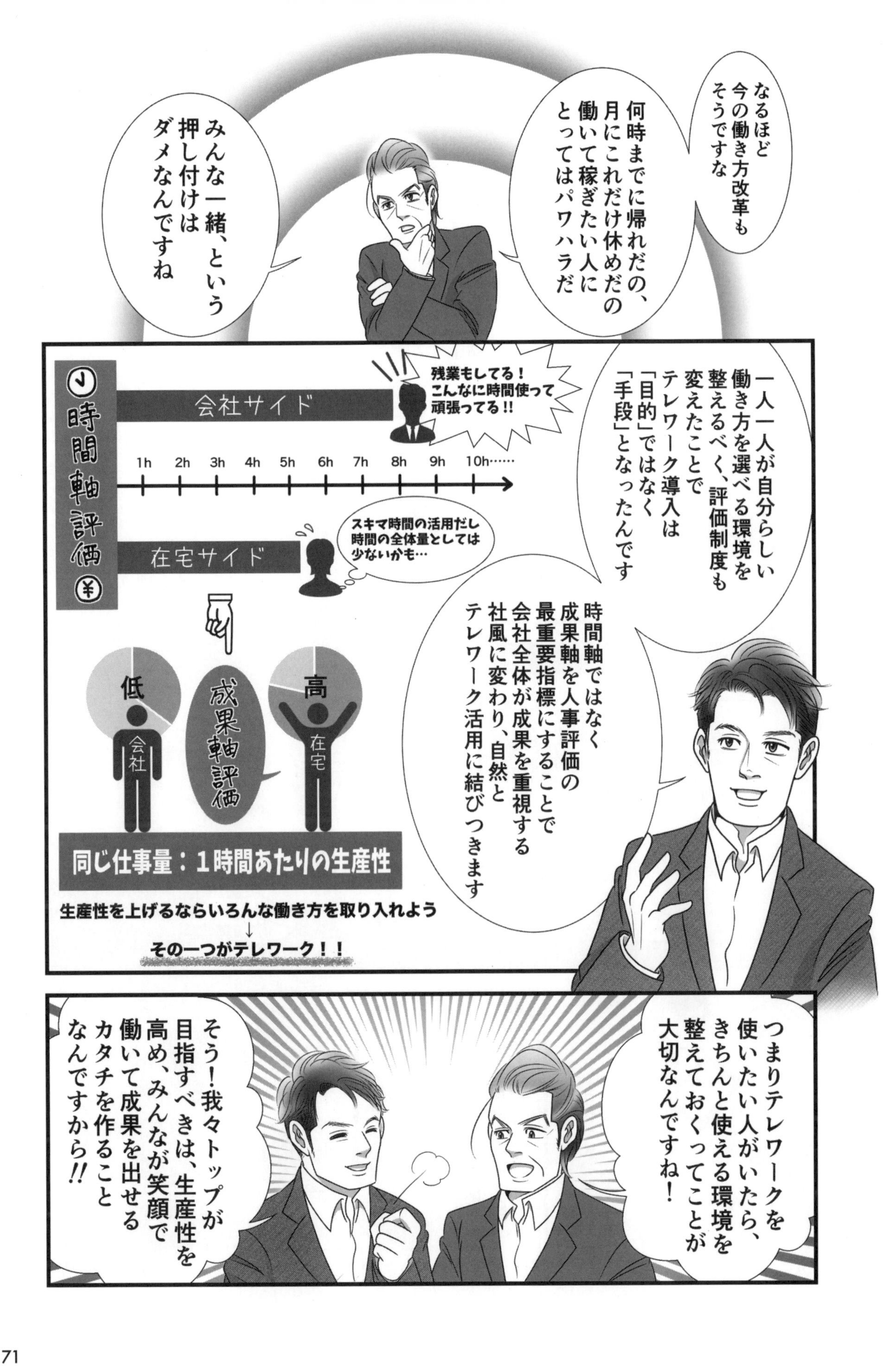
なるほど今の働き方改革もそうですな
何時までに帰れだの、月にこれだけ休めだの働いて稼ぎたい人にとってはパワハラだ
みんな一緒、という押し付けはダメなんですね
一人一人が自分らしい働き方を選べる環境を整えるべく、評価制度も変えたことでテレワーク導入は「目的」ではなく「手段」となったんです
時間軸評価
会社サイド
残業もしてる！こんなに時間使って頑張ってる!!
1h 2h 3h 4h 5h 6h 7h 8h 9h 10h……
在宅サイド
スキマ時間の活用だし時間の全体量としては少ないかも…
時間軸ではなく成果軸を人事評価の最重要指標にすることで会社全体が成果を重視する社風に変わり、自然とテレワーク活用に結びつきます
低 会社
成果軸評価
高 在宅
同じ仕事量：1時間あたりの生産性
生産性を上げるならいろんな働き方を取り入れよう
その一つがテレワーク！！
つまりテレワークを使いたい人がいたら、きちんと使える環境を整えておくってことが大切なんですね！
そう！我々トップが目指すべきは、生産性を高め、みんなが笑顔で働いて成果を出せるカタチを作ることなんですから!!

ハイ、じゃあ これで桃山さんと つなげてみますね
カチ カチッ
フンッ…所詮 こんな機械でなんか 信頼は生まれんッ
やはり コミュニケーション たるものは顔と 顔を合わせてだな…
あ、きたきた…
バ!!
わ――ッ
…ッ!?
い、今のは 何だッ 桃山く…
キャハハハ
おはよう ございます 部長
すみません、息子が今日 保育園お休みで…私は ちょっと風邪気味なので、 こんな格好で失礼します
そ、そんな状況で 仕事なんて できるのかね?
支障ありません こういう時もテレワーク だと風邪うつす心配も ないし、いいでしょ?
部長、じゃあこのまま 桃山さんの映像 ワイプで出しとくんで 働きぶりチェック してください
お、おう

――そっちからは俺が見えてるのか？
全部ハッキリ見えてますよ モニターの解像度も高いし
スピーカーの性能も良いんで音もクリアに聞こえますし…
部長きのう深酒したでしょ？顔むくんでますよ
ほっとけ！
ふん、まあ一応やることはやっとるようだが…
カチ
コチ
カチ
コチ
しかし騒がしい中でよく集中できるな…まあ子供も安心なんだろうが…
キャハハハ
バタバタ
部長も仕事したらどうです？
はりこみじゃあるまいし…
うっ、うるさいッ！俺は君がちゃんとやっとるかどうかチェックしとるんだッ！

ズイ
桃山さん、昨日言ってたピーチ不動産さんへの電話入れてくれた？
あ、ハイ！すぐ請求書送ってくれるそうです
ズイ
…なっ…
そーいえば桃山さん総社デザインのラフ見たんですけど、あれイケてますよね〜？オッケーってことで進めていいですかぁ？
あれ素敵よね！うん、担当の矢掛さんによろしく伝えて
ダ〜〜〜〜もうっ!!!
矢掛サン彼女できたって？
そうそう！確かカメラマンの…
もぉ〜〜私ちょっと狙ってたのにィ〜
俺を挟んで話すなッ!!!

クス…

ねえ部長、テレワークではコミュニケーションが適切に取れないというのは間違いだって認めてもらえますか？

今は情報技術がすごく発達してるから、これだと会社にいる時と何ら変わらないでしょ？

………わかった！前言撤回だ！

コミュニケーションは…取れるとは思う…

それよりもうこの映像は切ってくれ！気になって仕事にならんよッ
まぁ慣れたら点いてるのが普通になりますよ
何だか疲れた…

何とか乗り切った…

西大寺くん、たまには昼飯一緒にどうだ？しっかりマンツーマンでコミュニケーションとりながら、会社の未来について語るとか…

社長ッ！コミュニケーションよりまず仕事ですよッ！

あ〜〜〜仕事やらなくっちゃ、仕事仕事ッ!!

社会問題トピック

テレワークで会社の結束が崩れる？

西大寺部長のように、これまでのビジネス慣習を重んじる人は、テレワーク導入後のコミュニケーション不足を懸念する。一般的には以下のような問題が考えられる。

①「みんな一緒」でないと結束が崩れる？

会社とは、みんながいつも一緒にいることでコミュニケーションがとれて、チームとしてまとまるもの。顔と顔を突き合わせたコミュニケーションでないと結束できないのではないか。

②コミュニケーションのリズムが変わる？

上司や部下、同僚が目の前にいるオフィスと違い、自宅勤務をしている社員とコミュニケーションを取る場合、メールやチャット等で代用することになる。その際、社員同士の人間関係が希薄になってしまうのではないか。

③コミュニケーションにおいて情報量が減る？

顔が見えない、情報共有が不十分といった課題が残っているために、意思疎通が上手くいかなのではないか。

④在宅勤務者が孤独を感じる？

話し相手のいない自宅勤務は、孤独感を招くのではないか。

⑤コミュニケーション不足がチーム力を低下させる？

オフィスの社員、在宅勤務の社員のコミュニケーション不足で、チームや部署の生産性が低下するのではないか。

テレワーク導入で生産性の向上、業務の効率化を図ったものの、コミュニケーション不足でチーム力が低下していては、元も子もない。コミュニケーション不足は、組織として考えなければいけない最優先課題だ。

□テレワークは「みんな一緒」にやるべき？

ワクスマではテレワーク導入当初、テレワーク社員の時間給を会社勤務のものよりも下げていた。電話に出たり来客にお茶を出したりといった雑務がないことや、在宅勤務は会社勤務より生産性が低いと想定していたことが主な理由だ。ところが始めてみると、出社している社員、自宅作業の社員、それぞれの業務が整理されたことでチーム全体の生産性は上がった。

そこで同社は、「テレワークはいいことだ。全員でやろう！」と、会社全体でテレワークを実施した。

しかし、働き方を一律に押し付けたことでその後不満が続出。自宅で働きたい人がいる一方で、会社で仕事をしたい社員もいたのだ。退社時間や休日を強制されることを苦痛に感じる社員も存在する。結果、テレワークの全社的導入は失敗に終わった。

テレワークは全社員に強制されるべき働き方ではない。働き方のニーズは人それぞれであり、会社のほうが集中できるという人や、現在はテレワークの必要がないが、ライフスタイルが変わった際に利用したいという人もいる。テレワークの「幅広い社員」への適用拡大は大前提だが、各自が必要なときに利用できる働き方の選択肢となることが好ましい。

テレワークを導入するに当たっては、まずは、「対象者」、「対象業務」、「実施頻度」を決める必要がある。社内の現行制度やルールを維持したまま、できる

ところからトライアル（試行導入）を行い、少しずつ対象範囲を広げていくのも一つの手法だ。

①対象者の選定

対象者の選定に当たっては、関係者の理解を得られるよう、明確な基準を設けることが重要。基準については実施に条件を設けることで、その後のテレワーク推進がしやすくなる。特にライフステージに関係した利用ルールや対象者の制限を設ける場合、まずは対象の従業員にニーズ調査をしておきたい。テレワーク対象者の利用ニーズと、企業や団体がテレワークを導入する目的とのバランスが重要だからだ。

新たにテレワークを導入する段階では、効果検証がしやすいように、また社内の理解も得られやすくなるので、職種やライフステージなどを踏まえて対象者を選定することも有効だ。

②対象業務の整理

対象業務の選定に当たっては、「業務」単位で整理することがポイント。まずは業務全体の「洗い出し」を行い、テレワークで実施しやすい業務と実施しにくい業務を整理しよう。

導入時にテレワークでできる業務を特定することは、導入後の普及拡大に向けた課題を明らかにすることにつながる。

③実施頻度

テレワーク導入の初期段階では、実施日数の頻度を少なめに設定しよう。

おおよそ週1日、2日程度であれば、社内の制度やルールなどを大幅に変更する必要がなく、また、上司・同僚とのコミュニケーション上の課題を比較的感じることもなく、テレワークを行うことができる。その後、導入後の評価や課題の解決を行った上で、テレワークの実施日数を段階的に増やしていけばよい。

新しい常識

働き方を選ぶための手段としてのテレワーク

□人事評価の指標は時間軸ではなく成果軸

全社一律にテレワークを導入することに失敗したワクスマは、評価制度を変えた。遅くまで会社に残って仕事をしている人の方が評価されがちな旧来の考え方を改め、短時間で結果を出した人の方を評価するようにした。時間軸ではなく成果軸を人事評価の最重要指標に変えたのだ。

たとえば同じ仕事量をこなした人がいたら、それを8時間かけたやった人より、6時間でやった人の方に高評価を与える。成果を数値化して「1時間あたりの生産性」を社員に意識させたのだ。

これまでのようにだらだら働くだけでは評価は上がらない。社員はテレワークを使って仕事の効率を上げるようになっていった。

一人一人が自分らしい働き方を選べる環境を整えるべく評価制度を変えた。評価基準が変わることで、社員一人一人が時間意識を高め、仕事のやり方を見直す。テレワーク導入は目的ではなく手段となった。会社全体が時間ではなく成果を重視する社風に変わり、結果的にテレワークの活用に結び付いた。

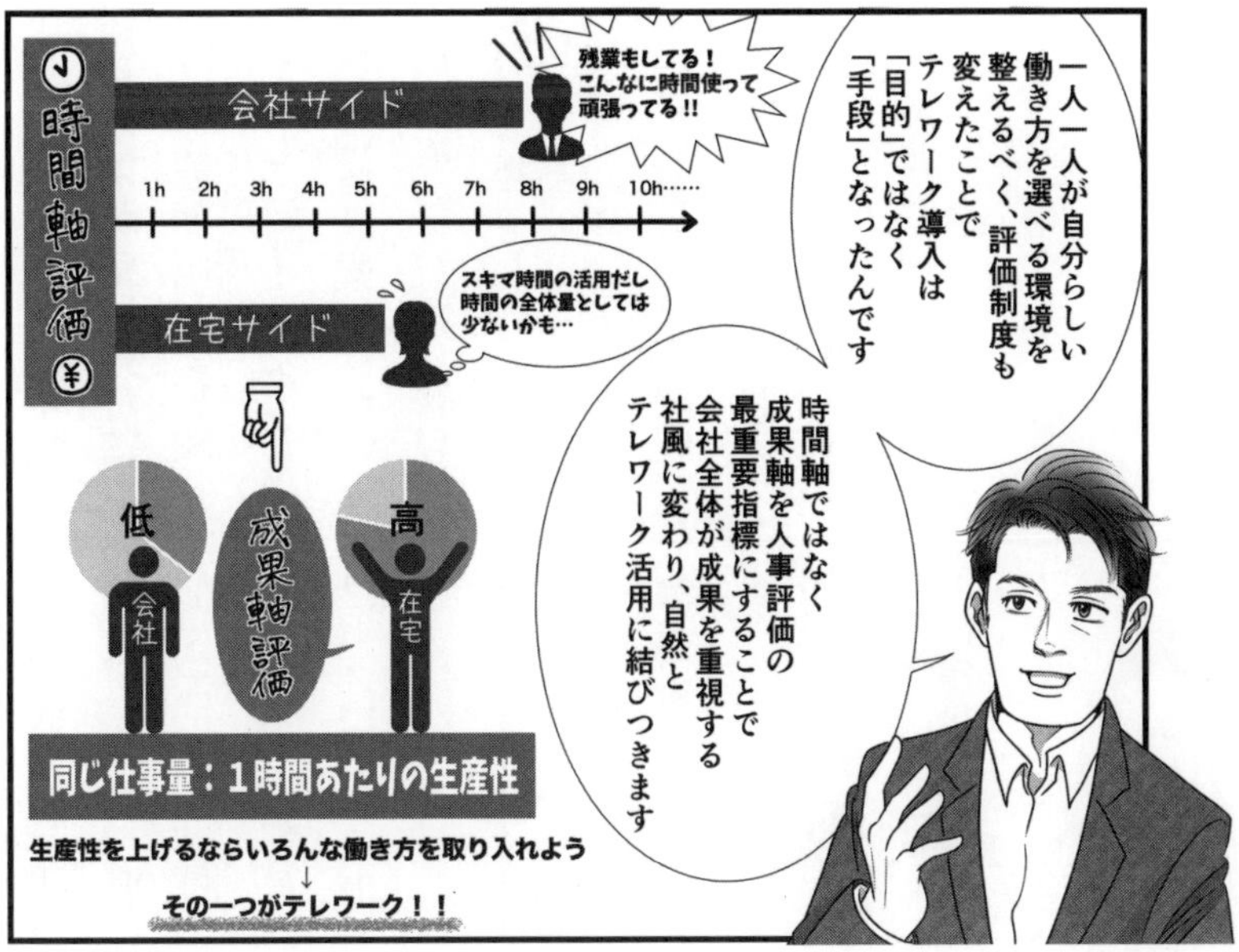

新しい常識

トップが目指すべきマインド

後楽社長の言う通り、テレワークは「使いたい人がいたら、いつでもきちんと使える環境を整えておく」ということが大切だ。

テレワークによるワークスタイル変革の経営効果としては

・生産性向上や、社員満足度のアップ
・所定外労働時間の削減や売上額・顧客満足度のアップ
・ワーク・ライフ・バランスの向上
・女性離職率の低下
・ペーパーレス化によるコスト削減
・災害時に事業継続ができた

など、経営に好影響を与える事例が並ぶ。

経営効果を上げることができた企業では、経営トップがワークスタイル変革を「経営課題」と位置づけ、テレワークの導入にリーダーシップを発揮しているという共通点が見られた。

ワークスタイル変革やテレワークの導入は、さまざまな経営効果が見込めるにも関わらず、業績が悪い時期には見送られるなど景気に左右される傾向がある。しかし、ワークスタイル変革が喫緊の「経営課題」であることに変わりない。テレワークによるワークスタイル変革の実現で最も重要なのは経営トップの強力なコミットメントだ。経営トップには企業の持続的成長に向けて、テレワークによるワークスタイル変革を牽引してもらいたい。

つまりテレワークを使いたい人がいたら、きちんと使える環境を整えておくってことが大切なんですね！
そう！我々トップが目指すべきは、生産性を高め、みんなが笑顔で働いて成果を出せるカタチを作ることなんですから!!

IT機器の利用で円滑なコミュニケーションが可能に

ワクスマではWeb会議システムを活用し、社内テレビを設置してテレワーク勤務者と常時接続。マイク・スピーカーで社内にいるのと同じ感覚で会話ができ、複雑なやり取りも画面共有で行うことができる。

Web会議システムこそテレワークにとって最も有効なツールであり、テレワーク成功のカギはWeb会議システムが握っているといっても過言ではない。

仕事を円滑に進める上で、情報共有やコミュニケーションは欠かすことができない。テレワークを実施すると、対面によるコミュニケーションや情報共有の機会がなくなり、相手の状況や心情などが把握しにくくなりがちだ。テレワーク実施においては、離れた場所であっても円滑なコミュニケーションが取れる環境を整える必要がある。

Web会議システムを活用すると、離れた場所であってもお互いに顔を見てコミュニケーションが取れるので、スムーズな意思疎通が可能。資料や動画の共有もできるため、業務遂行の面においても非常に有効なツールだ。

Web会議システムならオフィスで行わる会議や研修に、自宅やサテライトオフィスなどのテレワーク先からも参加することができる。得意先での商談に、遠隔で同席することも可能だ。

Web会議システムを使ってオフィスとテレワーカーを常時接続すれば、離れた場所であってもあたかも同じ空間で仕事をしているような臨場感を作り出すことができる。その場ですぐに会話ができたり、あいさつや雑談など仕事以外のコミュニケーションが気軽に取れたり、常時接続によって生み出される一体感は、テレワークで働く社員のモチベーション向上にも役立つ。

第5章

みんなのシアワセなワーク・ライフ・バランスのために

みんなのシアワセなワーク・ライフ・バランスに！
カンパ——イ!!

ハァ
ハァ
ホッ
ホッ
クソッ…一体何なんだあのテレワークって奴は…この間はパソコンの前でとんだ恥をかかされたし最近出社して仕事する人間がどんどん減っている…
そのうち会社には誰もいないようになって、このままでは本当に会社がダメになってしまう
桃山さんのおかげで、だいぶテレワークの理解が深まってきたな…システムも構築できたし、高梁さんの事例もできた
そろそろ次のステップに進んでもいいのかもしれない…

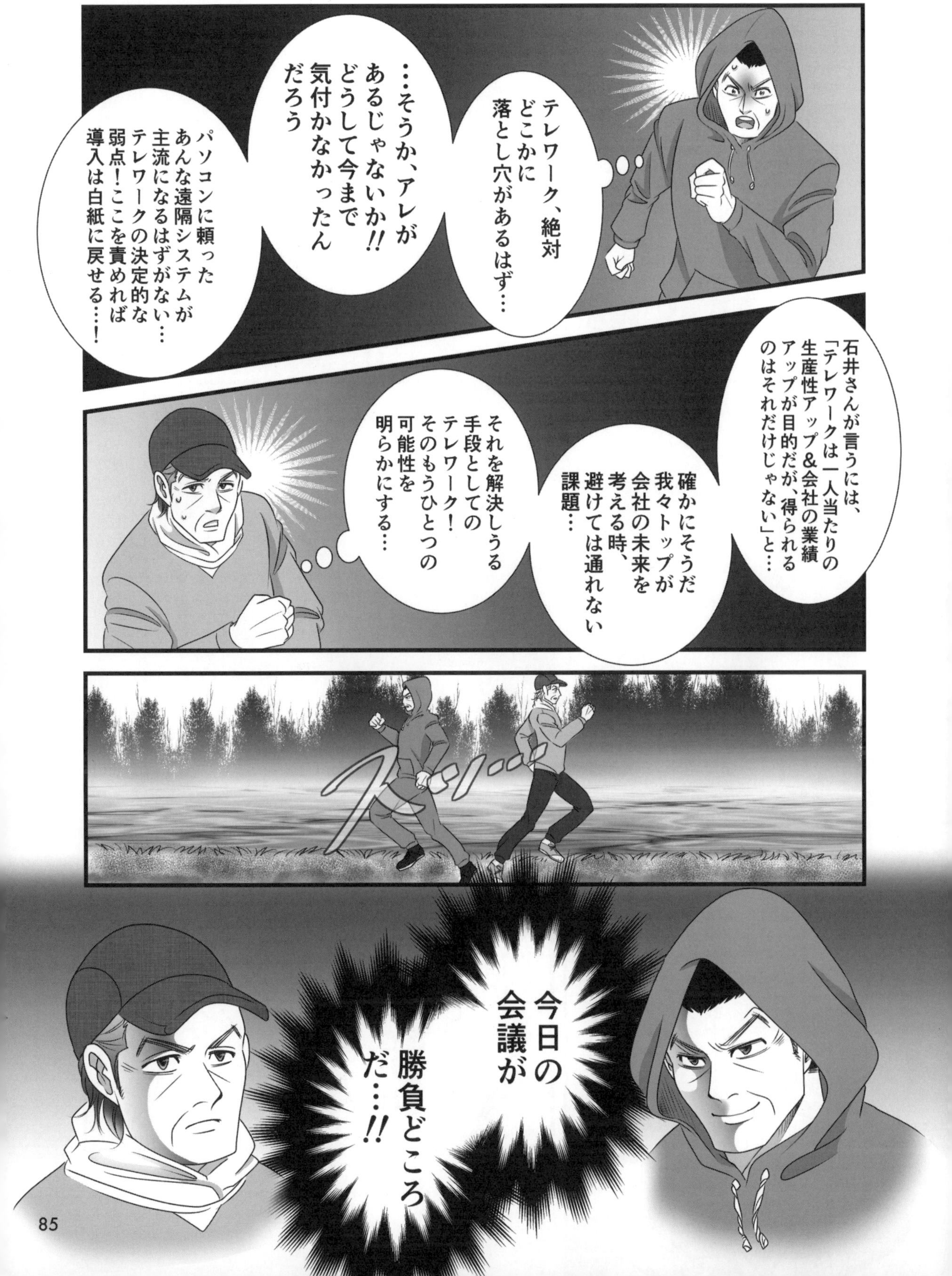

テレワーク、絶対どこかに落とし穴があるはず…

…そうか、アレがあるじゃないか!!どうして今まで気付かなかったんだろう
パソコンに頼ったあんな遠隔システムが主流になるはずがない…テレワークの決定的な弱点！ここを責めれば導入は白紙に戻せる…！

石井さんが言うには、「テレワークは一人当たりの生産性アップ&会社の業績アップが目的だが、得られるのはそれだけじゃない」と…

確かにそうだ我々トップが会社の未来を考える時、避けては通れない課題…

それを解決しうる手段としてのテレワーク！そのもうひとつの可能性を明らかにする…

今日の会議が勝負どころだ…!!

では月例会議を始めます
月例会議
今月の動きの報告の前に、伝達事項や意見などがある方は挙手を…
ハイッ!!!
ゴゴゴゴゴ…
何だろう、ものすごく謎の圧を感じるんだけど…
西大寺くん、先にいいぞ
これはこれは社長…では失礼して
…ここ数ヶ月、我が社で試験的に導入しているテレワークについて重大な欠陥が見つかったのでご報告します!

テレワークの持つ最大にして最悪のリスク…それはつまり「情報セキュリティの安全性」ですッ!!
!?
情報保護が声高に叫ばれる昨今、管理が甘いためにデータ流出で社会的信用を失う企業は少なくないッ!
データが入った会社のパソコンを持ち歩いたりクラウドに保存したものを自宅で簡単に使ったりするテレワークなど愚の骨頂!
情報漏洩
データ流出
ウイルス感染
パスワード
コンプライアンスの明確な欠如でもある!私はテレワークの即刻中止を提案致しますッ!!
…勝った…これでぐうの音も出まい…!!
確か…ワクスマさんとの契約には情報セキュリティ対策も入ってるんじゃなかったっけ?
★★★★★
ハイ、もちろんコミコミで契約済みです
そんなのジョーシキじゃないですか
どしゃっ

パソコン持ち出しはリスクもありますが、これまでだって紙の契約書も持ち歩いてたわけですから…

セキュリティ対策は最重要事項の一つとして契約ではしっかりとフォローされてます！

仕事の上じゃ情報管理は常に危険がつきまとう会社側が適切な保護対策を取れていれば、問題ないんじゃないか？

…は…であれば何も言うことはゴザイマセン…

白旗
ではこれで、
・労務管理
・コミュニケーション
・セキュリティ管理
全ての課題をクリアしたということで、
めでたく我が社にテレワーク導入が正式決定した！
その上で今日はみんなに大切な報告があるんだ！
このテレワークは今この場にいる人のためだけじゃない…吉備津くん、あとはヨロシク！
ハイ!!
エッ
テレワーク開設準備室室長は私なのに…どう言うこと!?

実は私、我が大岡山エージェンシー「新規採用準備室室長」として半年前から内密にプロジェクトを進めてきました
育児・介護との両立
キーワードは「テレワーク」
先輩に聞く成功談
リクルート最新版
テレワーク導入！
働き方を選べる会社10選
大岡山A(株)
桃山梨花さん
本日より本格的に、我が社は「テレワーク活用企業」として新規採用活動を始めます！
わッ 私たちが…
採用広告の記事にのってる⁉

少子高齢化による
労働人口の減少…
地方都市の中小企業にとって
新規採用は年々
厳しくなっています
そこで、テレワークや
フレックスタイムの導入、
有給申請のしやすさなど
「こんな環境でなら働きたい」と
思ってもらえる企業だと
アピールしたいんです
テレワークをはじめとする
労働環境の見直しは
現状を救うだけでなく、
会社の未来をつなぐ
人財を支えることにも
繋がるんです！
「Now is the time for change」
つまり、未来のために変化する時ということだ！
ドーン!!
我々は今こそ「長い時間働いた方が偉い」という価値観を捨てて次世代に適応・貢献する会社として生まれ変わるべきなのです!!!
吉備津サン、かっこイイ…♡
ポーッ
……!!

…とまぁ、そう言うわけで
何だか勢いに圧倒されちゃってさ…
梨花のとこの社長さんもやるわね…そんな先々のことまで考えているなんて
うん、スゴイな〜って…でも一方で私、いいように使われただけな気がして納得しづらいって言うか…
それは私も同じ…でもね、そういう流れを作れたのは子育てと仕事の両立で困っていた私たちがテレワークの先例として道を拓いたからでしょう
大変なこともいっぱいあるけど、テレワークが制度として定着していくことで、この先同じような境遇の人を救えるかもしれないし生き生きと働ける社会の可能性を広げてるんだよ!!
…そっか
うん、そうよね!
本当、自分の時間が持てるって幸せだ〜!ひろみ、乾杯しよっ!
未来の会社に!自由で生産性の高い労働環境に!!
おっきく出たわね〜よぉし!
ニコッ
みんなのシアワセなワーク・ライフ・バランスに!
カンパーーイ!!

用語解説

情報セキュリティーの安全性の確保のために

昨今、情報漏洩やデータ流出は大変な問題になっている。そんななか、西大寺部長が指摘したのは「情報セキュリティーの安全性」。テレワークを行う場合、情報資産はインターネット上を流れ、持ち運びが容易なノートパソコン等の端末で利用される。そのため、ウイルスやワーム等の感染、テレワーク端末や記録媒体の紛失・盗難、通信内容の盗聴等の「脅威」にさらされやすいのは事実。

テレワーク、絶対どこかに落とし穴があるはず…
…そうか、アレがあるじゃないか!!どうして今まで気付かなかったんだろう
パソコンに頼ったあんな遠隔システムが主流になるはずがない…テレワークの決定的な弱点!ここを責めれば導入は白紙に戻せる…!

テレワークの持つ最大にして最悪のリスク…それはつまり「情報セキュリティの安全性」ですッ!!
情報保護が声高に叫ばれる昨今、管理が甘いために データ流出で社会的信用を失う企業は少なくないッ!
情報漏洩
データが入った会社のパソコンを持ち歩いたりクラウドに保存したものを自宅で簡単に使ったりするテレワークなど愚の骨頂!

情報資産を守るために大切なことは何か。「ルール」・「人」・「技術」の三位一体のバランスがとれた対策を実施し、全体のレベルを落とさないようにすることがポイントとなる。

□ルールについて

テレワークを行う場合、オフィスとは異なる環境で仕事を行うことになるため、そのセキュリティー確保のために新たなルールを定めていく。組織としてどのようなルールを定め、守っていけばよいかについて留意する必要がある。

□人について

情報セキュリティー対策の「ルール」・「人」・「技術」のうち、実施がもっとも難しいのが「人」の部分。テレワーク勤務者は、オフィスから目の届きにくいところで作業をすることになるため、ルールが守られているかどうかを企業・組織が確認するのが難しい。ルールを定着させるには、関係者への教育や自己啓発を通じてルールの趣旨を自ら理解し、ルールを遵守することが自分にとってメリットになることを自覚してもらうことが重要。また、テレワーク勤務者が情報セ

キュリティーに関する必要な知識を習得していくことが、フィッシングや標的型攻撃等の被害を受けにくくなることも知っておきたい。

□技術について

技術的対策は「ルール」や「人」では対応できない部分を補完するもの。技術的対策は種々の脅威に対して「認証」、「検知」、「制御」、「防御」を自動的に実施するものであり、テレワーク先の環境の多様性を考慮して、それぞれの環境での情報セキュリティー維持のために適切に対策を講じておく必要がある。

テレワークの方法は、作業内容や予算等によってさまざまなパターンが考えられ、下の図の通り大きく6種類に分類される。

確か…ワクスマさんとの契約には情報セキュリティ対策も入ってるんじゃなかったっけ？
★★★★★
ハイ、もちろんコミコミで契約済みです
そんなのジョーシキじゃないですか

テレワークの6種類のパターン

	パターン①	パターン②	パターン③	パターン④	パターン⑤	パターン⑥
	リモートデスクトップ方式	仮想デスクトップ方式	クラウド型アプリ方式	セキュアブラウザ方式	アプリケーションラッピング方式	会社PCの持ち帰り方式
概要	オフィスにある端末を遠隔操作	テレワーク用の仮想端末を遠隔操作	クラウド上のアプリーションを社内外から利用	特別なブラウザを用いて端末へのデータの保存を制限	テレワーク端末内への保存を不可とする機能を提供	オフィスの端末を持ち帰りテレワーク端末として利用
テレワーク端末に電子データを保存するか？	保存しない	保存しない	どちらも可	保存しない	保存しない	保存する
オフィスの端末と同じ環境を利用するか？	同じ	テレワーク専用の環境	クラウド型アプリに関しては同じ	ブラウザ経由で利用するアプリに関しては同じ	テレワーク専用の環境	同じ
クラウドサービスを利用するか？	しない	しない	する	する	する／しないどちらも可	する／しないどちらも可
私用端末の利用(BYOD)との親和性	一定の条件のもとで可	一定の条件のもとで可	一定の条件のもとで可	一定の条件のもとで可	一定の条件のもとで可	−
高速インターネット回線の必要性	必須	必須	望ましい	望ましい	望ましい	不要
備考	−	−	−	−	−	紙媒体で持ち出す場合も本パターンに相当

（出典）総務省「テレワークセキュリティガイドライン第４版」

「私用端末の利用を認めるかどうか」で、実施すべきセキュリティー対策が変わってくる。私用端末の利用を認めることでテレワークの導入コストを抑制することができるが、反面、管理が不十分になる恐れがあるため、経営者は、自社にふさわしいテレワークの方式について、セキュリティーリスクと導入コストの両面から慎重に検討する必要がある。

私用端末利用の場合、導入コストが低く抑えられると考えられがちだが、実際には私用端末を採用することによる追加の情報セキュリティー対策のコスト（初期導入時と運用期間中の双方）の増加、情報セキュリティーレベルの低下による事故発生による損失の可能性等と合わせて考えると、必ずしも期待するようなコストダウンになるとは限らない。企業から端末を貸与するほうがトータルで割安になることもあり、慎重な検討が必要だ。

　オフィスで用いている端末をテレワーク先に持ち出して作業を行う場合は、毎回オフィスから端末を持ち帰る必要がある。テレワーク端末に電子データを保存することが前提のため、6種類のパターンの中でも厳格な情報セキュリティー対策を端末に対して行う必要がある。

「会社側が適切な保護対策を取れていれば問題ない」という社長の言葉。そのためには、社内でどんなテレワークの方法をとっているのか、どのパターンなのかを知り、対策を取ることが肝要だ。

新しい常識

テレワークを導入することによる新たな可能性

労務管理、コミュニケーション、セキュリティー管理、全ての課題をクリアし、テレワークを導入した大岡山エージェンシー。

　これからは「テレワーク活用企業」として、「テレワーク」をキーワードとし新卒採用活動を始めて行くことになった。

□採用難の時代に企業が求められること

しかし、地方都市の新卒採用難は年々深刻だ。計画通りの学生採用ができていない企業が増えている。

「就職観」の意識調査では、①楽しく働きたい、②個人の生活と仕事を両立させたいと続く。

「企業選択のポイント」意識調査からは、どのような企業がよいとされているかがわかる。一番多い解答は、安定でも将来性でもなく「自分のやりたいことができる会社」であった。

「企業志向」に関する意識調査では、「大手企業志向か、中堅・中小企業志向か」という問いに対し、以下のような結果が出ている。

「やりがいのある仕事であれば大手にこだわらない」という意識が、「大手企業志向」と大きくかけ離れていないことが分かる。

今まさに、企業規模にはあまりこだわらず、「プライベートを充実させ楽しく働く」「自分のやりたいことができる会社」が求められているということが分かる。

企業側は、楽しく取り組めやりがいのある仕事と、プライベートと両立できる働きやすい環境を整備することが、新卒採用の近道となっている。

就職観の推移（01年卒～20年卒）

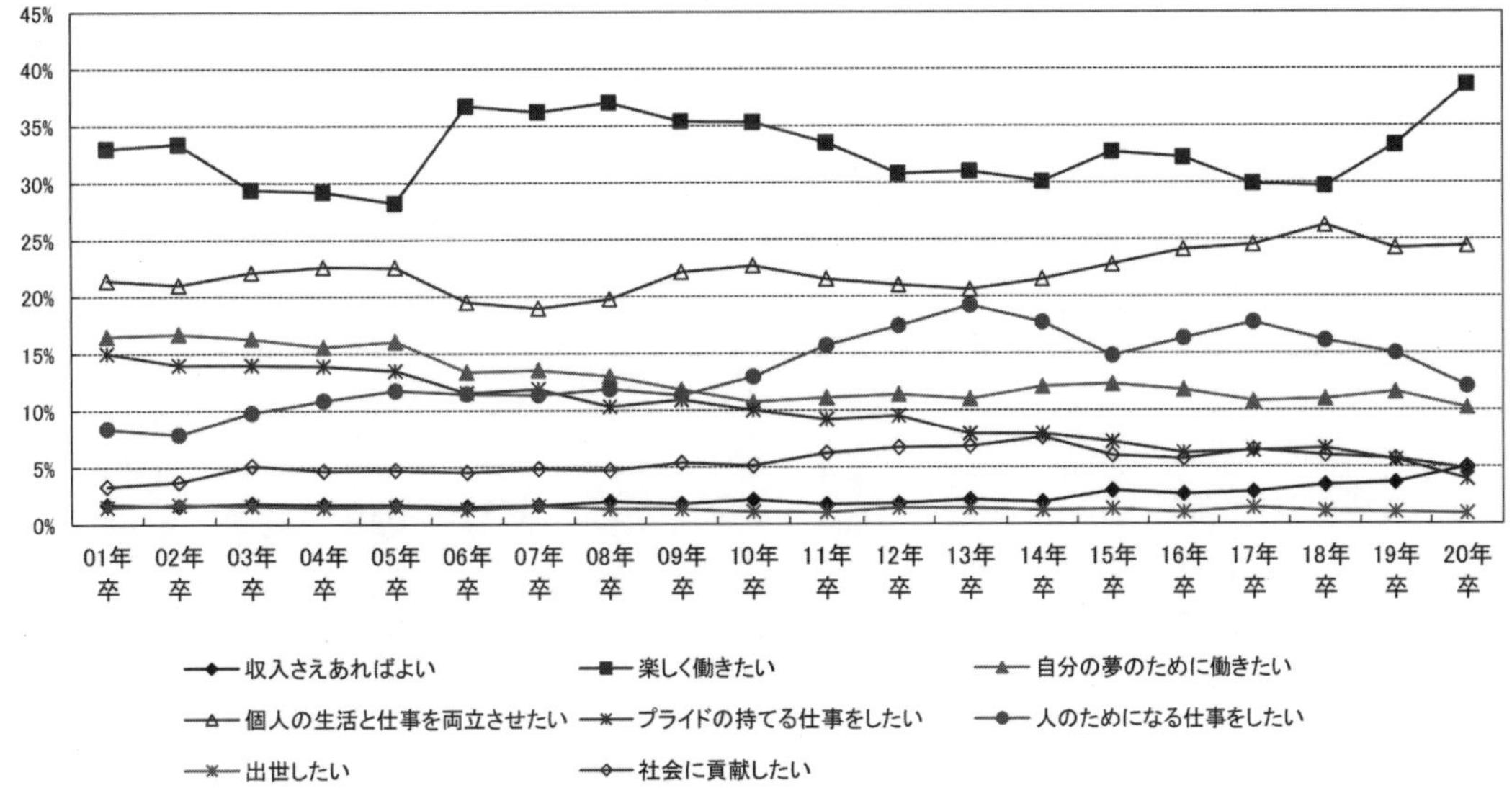
45%
40%
35%
30%
25%
20%
15%
10%
5%
0%
01年卒
02年卒
03年卒
04年卒
05年卒
06年卒
07年卒
08年卒
09年卒
10年卒
11年卒
12年卒
13年卒
14年卒
15年卒
16年卒
17年卒
18年卒
19年卒
20年卒
収入さえあればよい
楽しく働きたい
自分の夢のために働きたい
個人の生活と仕事を両立させたい
プライドの持てる仕事をしたい
人のためになる仕事をしたい
出世したい
社会に貢献したい

※11年卒以前はウエイトバック集計を行っていない結果にて表記しています。

（出典）株式会社マイナビ　「2020年卒マイナビ大学生就職意識調査」

□労働力減の時代到来

　では、日本の労働力人口の見通しはどうか。総務省「労働力調査」（２０１８年）によると、２０１８年の労働力人口は6，830万人。将来の労働力人口を算出すると、２０６５年には4，191万人となり、２０１８年と比較して4割ほど減少する見通しだという。また、高齢化が進むことから、全体の労働力率は２０１８年の61・5％から、２０６５年には53・0％へと低下するとしている。

□就業希望だけど求職しない理由

　就業希望がありながら、求職していない人たちの理由を調査したデータがある。男性は「適当な仕事がありそうにない」が36・0％、「健康上の理由のため」が28・1％と多く、女性は「出産・育児のため」が32・6％、「適当な仕事がありそうにない」が27・0％と多い。

　労働人口が減少傾向にある今、就業希望者３８０万人の全てが労働力人口になった場合の労働力率は3・5％上昇するという。また、女性の労働力率を男性の労働力率並みに引き上げることができれば、

労働力人口と労働力率の見通し

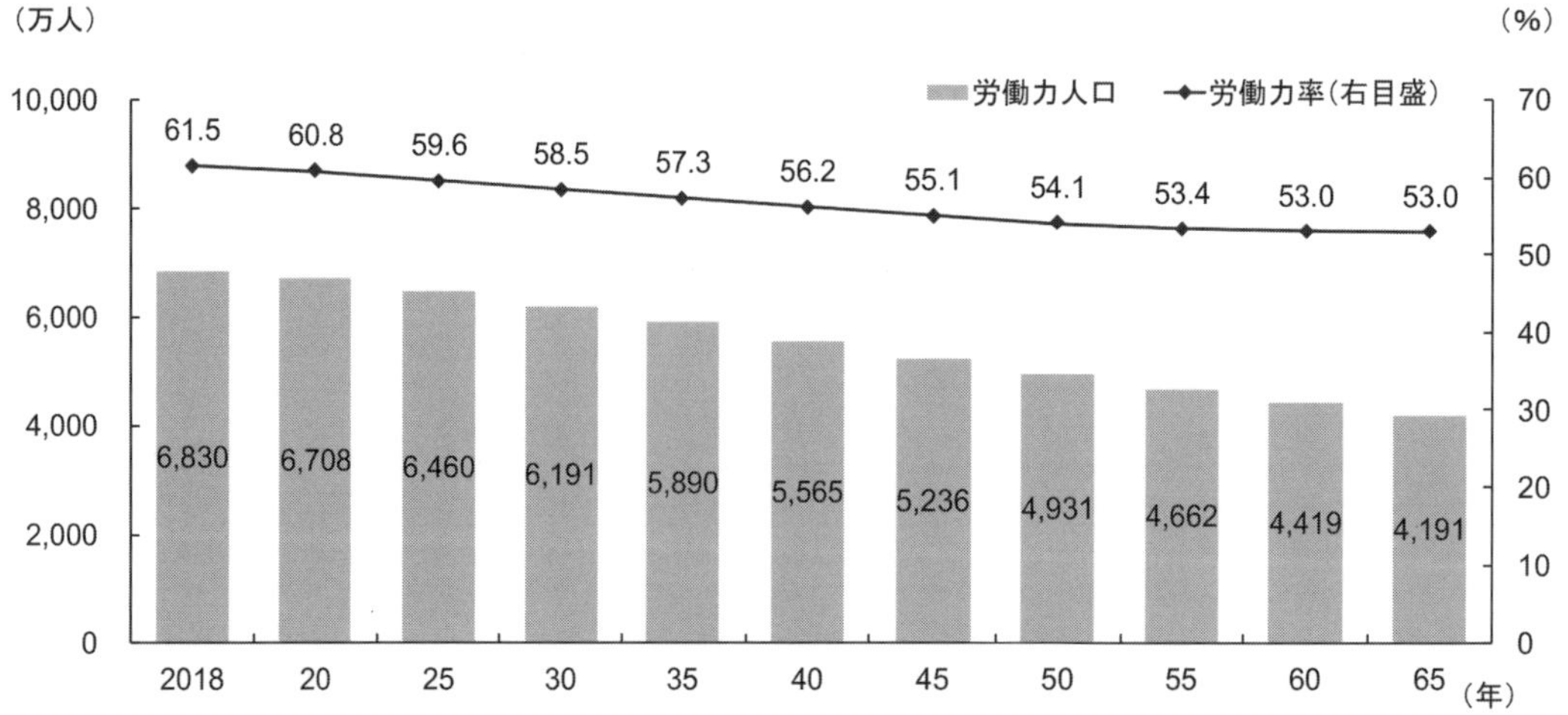

（注）2018年は実績。2020年以降は、男女別、年齢5歳階級別の労働力率を2018年と同じとして算出（85歳以上は、85歳以上の労働力率が2018年と同じとして算出）。

（資料）総務省「労働力調査」（2018年）、国立社会保障・人口問題研究所「日本の将来推計人口」（2017年4月推計）より、みずほ総合研究所作成

（出典）総務省「労働力調査」（2018年）

就業希望者の非求職理由

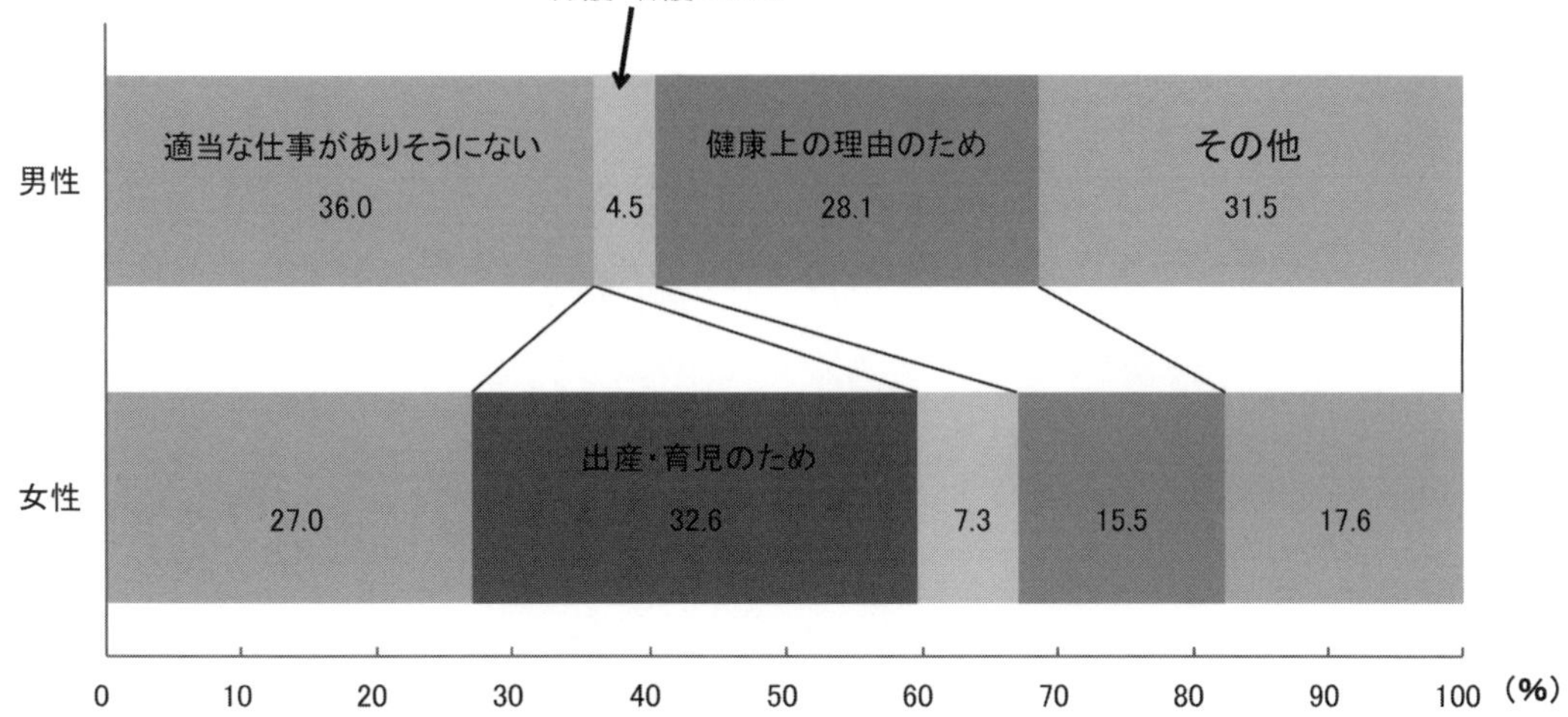

（資料）総務省「労働力調査」（2018年）より、みずほ総合研究所作成

（出典）総務省「労働力調査」（2018 年）

２０６５年の労働力率は２０１６年の実績に近付く。

将来の労働力率を現状と同じ程度にするには、女性の労働力率を引き上げることも課題になってくる。

上の図から、女性特有の非求職理由である「育児・出産のため」、また男性の約２倍ある「介護、看護のため」に注目したい。これら２つで39・9％と、非求職理由の４割を占める。この２つの理由は、企業側の努力や職場環境の改善で、減らしていけるのではないだろうか。

□女性のライフステージの理想と現実について

女性が考えるライフステージにおける理想と現実との差異に注目したデータがある。「女性が考える希望の働き方に関するアンケート調査」によると、子どもが３歳以下までの期間は子育て等に専念するため、就業希望は低い傾向にある。しかし、子どもが４歳以降になってくると、「家でできる仕事」や「短時間勤務」の希望が高まる傾向にある。全体を見ると約９割の女性が「結婚しても子どもがいない場合」まで及び「子どもが小学生」以降で何らかの形の就業

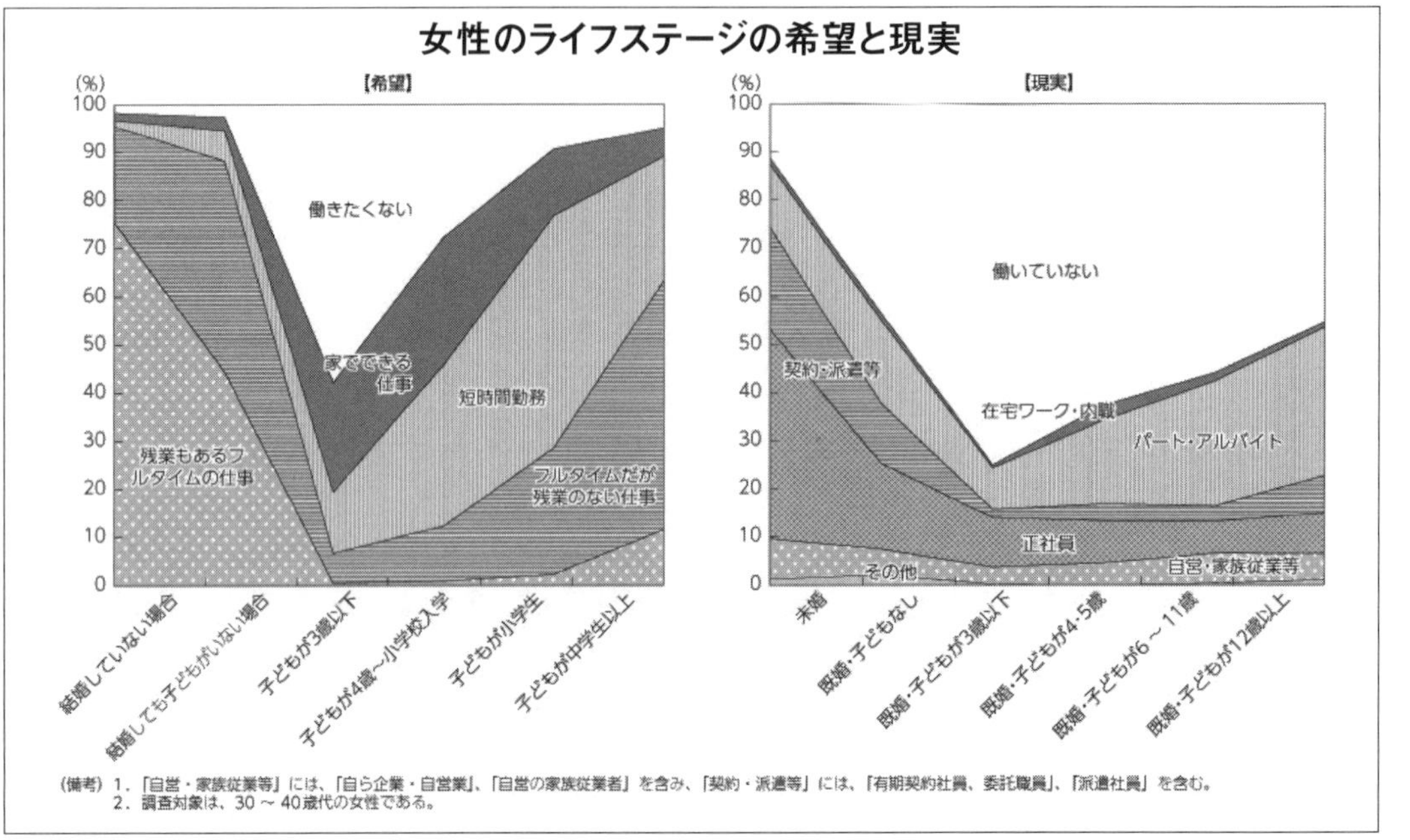

(出典) 内閣府男女共同参画局「女性のライフプランニング支援に関する調査」(平成19年)

を希望していることも着目すべき点だ。

現実では、子どもが3歳以下まで「働いていない」が多いのは希望と大きく変わらないが、子どもが4歳以降では希望では高かった「在宅ワーク・内職」がほとんどおらず、必ずしも希望通りの働き方ができていない状況にあるということが分かる。

□長時間働いたほうが偉いの?

「テレワーク活用企業」として新卒採用活動を始めた大岡山エージェンシー。テレワークやフレックスタイムの導入などで「こんな環境なら働きたい」と思ってもらえる企業を目指す。

長時間労働の改善は、労働者の心身の健康を確保し、柔軟な働き方を導入することでワーク・ライフ・バランスを改善するといった望ましい効果が期待される。

国際的にみると、一人当たりの労働時間が短い国ほど、一人当たりの労働生産性も高い。日本でも、岡山でも、同様のことが言えるのではないだろうか。

では、労働力の短縮を含む企業のワーク・ライフ・バランスの取り組みが、生産性にどう影響を与えるのか。

長時間労働を見直した場合や、長時間労働改善とテレワークを併せて実施する場合について、生産性を引き上げるという効果がみられる。

特に、企業の創立年が新しい企業において、長時間労働是正策とテレワークとの組合せを実施することが生産性を向上させる効果が高い。新しい企業では、仕事のやり方や組織の硬直性が少なく、ワーク・ライフ・バランスの導入が効果的に進んでいる可能性があることがわかる。

一方で、大岡山エージェンシーのように歴史のある企業でも、若い世代や子育て世代が声を上げることが必要なときに来たのではないだろうか。柔軟な組織体系のなかで、労働環境の見直しや、テレワーク導入が進んでいくことが、会社の未来につながっていく。

我々は今こそ「長い時間働いた方が偉い」という価値観を捨てて次世代に適応・貢献する会社として生まれ変わるべきなのです!!!

第6章

働き方の多様性を認め、一人一人の生産性・会社の業績アップにつなげよう

とにかく大切なのは、
社員一人ひとりが
ライフステージの変化に
合わせて、最適な働き方を
チョイスできる、ということ
ここでこのように働け、
と押し付けるのではなく
能力を最大限に発揮できる
労働環境を準備することが
必要なんです

ママ〜！早く行こうよ〜
はいはい、今支度してるからね〜
ピクニックなんて久しぶりだもんなぁ勇馬
あ、そうだ！
この前、会社にテレビの取材が入ってさ
その番組、確かこれから放送なのよ見てっていい？
ピッ
えー！ママ、テレビに映るの？
どうかな〜

いきいき会社訪問
～テレワーク導入で働き方改革を進める大岡山エージェンシー～
昨年から人材募集要綱に「テレワーク導入」「自宅勤務可」という文言を入れたところたくさんの応募をいただくようになりました
新規採用部チーフ
吉備津さん
子供を産んだ後に社会復帰したい方、長く正社員としてバリバリ働きたい方…
キリッ
働く意欲が強くやる気のある方からの応募が増えて大変嬉しく思っています
吉備津くん、すっかり会社の顔ね…
しかしあんなキャラだったとは…

いきいき会社訪問
～テレワーク導入で働き方改革を進める大岡山エージェンシー～

テレワークの導入は、私たち若い世代にとっても助かります　私もいずれ結婚・出産を考えているので、その時に頼りになる制度というか…

これも、先輩女性社員が先陣を切って導入してくれたからなので先輩たちには本当に感謝してます！

あら、旭さん　いいこと言うじゃない　私の気持ちも、ちょっとは伝わってたのかな？

結局変わらなければならないのは、経営者や管理者のマインドなんですよ！

!?
出社してれば社員を管理できてる、なんて古い概念は捨てて
「みんなが笑顔で働きながら結果を出す」と言う方向にシフトチェンジしなければこれからの社会は成り立ちませんよ
しかもなんか若作りしてない!?
ホンットよく言うよ、コイツは…!!
テレワーク導入成功をきっかけに、我々は「働き方の多様性」をもっと多くの人に普及させたいのです
とにかく大切なのは、社員一人ひとりがライフステージの変化に合わせて、最適な働き方をチョイスできる、ということ
ここでこのように働け、と押し付けるのではなく能力を最大限に発揮できる労働環境を準備することが必要なんです

今後、弊社は1ヶ月ごとに30分単位で自分の労働時間を変えられるようにしていく予定です
今の日本はテレワーク夜明け前…働き方がガラッと変わっていくのは、これからですよ！
プツッ
ン
すごいなぁ梨花の会社
今やすっかりテレワークの先駆者として引っ張りだこだな!!
……待たせちゃったねじゃ、行こうか！

ねぇ、ママ
テレビ出なかったね
取材、梨花は受けなかったの？
ウーン…私はテレワーク導入の矢面に立って、成功も失敗もたくさん経験してきたから一言ではとてもまとめられないし
テレビに出てアピールするのは私の役目でもないし、望んでもないの
こっちはあと少し…
明日うまくいくかな…
…？
あれ、高梨さん？
あら、桃山さん

私の望みは…

笑顔で自分らしく働けること
バランスが取れた環境で成果を出せる、そんな自信を持てる労働者がもっと増えてより良い社会が作れればいいな…

何より！

こうして家族みんなで楽しい時間を過ごせるのが一番のご褒美よ!!

今日は思いっきり遊んで…明日からも仕事、頑張るわよ〜〜〜っ!!
よ〜し勇馬、走るぞ〜!!
あーっ!!待って〜
アハハハ…

新しい常識

テレワーク導入は人財採用にもつながる

吉備津さんがテレビ取材で語った通り、人財募集の要項に「テレワーク」や「自宅勤務可」といったワードが入ると、応募や問い合わせが増える傾向が見られる。

多様な働き方や、働きやすい環境を提供することが雇用確保や雇用維持につながっている。

いきいき会社訪問
〜テレワーク導入で働き方改革を進める大岡山エージェンシー〜
昨年から人材募集要綱に「テレワーク導入」「自宅勤務可」という文言を入れたところたくさんの応募をいただくようになりました
新規採用部チーフ 吉備津さん

健康上の理由で長時間勤務が難しかったり、介護や育児の関連で正社員に復帰するのが困難だったり、さまざまな事情を抱えながらも高いスキルを持つ人財が、潜在的に職を探している。こういった隠れた原石のような人財は普通に募集をかけても雇用できない。在宅勤務という働き方の選択肢を用意することで、有能な人財を採用できるのだ。

働く人のメリットも大きい。子育てや介護とフルタイム勤務は両立が難しく、会社を辞めるか、もしくは子どもを保育園に、介護の必要な親を施設に預けて仕事をするかの二つが主な選択肢だった。自宅を仕事場にすることで、これまで通りに働くことができる。

病気やけがなどで一時的に外出が困難になった人、身体に障害があり通勤に苦労している人も、在宅勤務なら仕事がしやすくなる。

子供を産んだ後に社会復帰したい方、長く正社員としてバリバリ働きたい方…
働く意欲が強くやる気のある方からの応募が増えて大変嬉しく思っています

在宅勤務以外にも、移動中などに仕事をするモバイルワークや、レンタルオフィスなどを活用したサテライトオフィスでの勤務もテレワークとされている。得意先への移動中にパソコン入力、事務所に戻らず近くのサテライトオフィスで書類を印刷してから訪問など、時間を有効に使うことができる。出張が多い職種の人、一日のほとんどを社外で過ごす人もテレワークに向いている。

新しい常識

テレワーク導入で女性の働き方が変わる

第一章に描かれている主人公・梨花のように、出産を終えて職場に復帰しても、子どもの病気や保育園からの呼び出しなどで、以前と同じような労働時間・勤務形態では仕事を続けられない女性社員は多い。欠勤や早退が続くと会社に居づらくなり、辞めていく子育てママもいる。

こういった背景を受け、子どもがいる女性社員にテレワークを採り入れる企業が増えている。一例をあげると、9～16時まで会社で働き、その後子どもの保育園の迎えに行って、家に帰ってから在宅ワークをするというパターンがある。

子どもが保育園で急に体調を崩し迎えに行かないといけなくなった場合も、会社を早めに退社し子どもを病院に行かせてから在宅ワークをすることも可能だ。テレワークを使えば、さまざまな緊急時にも柔軟に対応することができる。

自宅を働く場所とすることで、通勤時間がなくなる。通勤のストレスから解放されることはもちろん、子どもや夫と接する時間が増え、家庭内でのコミュニケーションが取りやすくなる。美容院やフィットネスなど、自分のための時間も生まれる。また、夫の転勤があっても、テレワークならキャリアを捨てることなく仕事が続けられるのも魅力だ。

時間や場所の制約が少ない環境で働くことで、生活にゆとりが生まれる。女性の部下を持つ管理職からは、「残業が減り、部下の『ワーク・ライフ・バランス』が向上した」という声もある。

いきいき会社訪問
～テレワーク導入で働き方改革を進める大岡山エージェンシー～
テレワークの導入は、私たち若い世代にとっても助かります 私もいずれ結婚・出産を考えているので、その時に頼りになる制度というか…
これも、先輩女性社員が先陣を切って導入してくれたからなので 先輩たちには本当に感謝してます！

新しい常識

「働き方の多様性」は実現できる

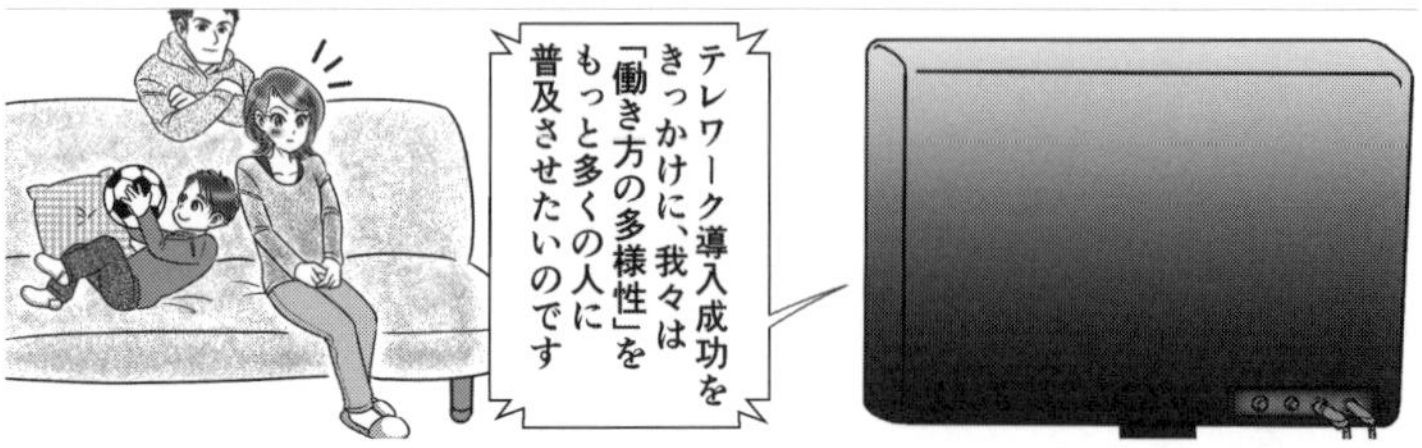
テレワーク導入成功をきっかけに、我々は「働き方の多様性」をもっと多くの人に普及させたいのです

テレワークの活用により、生産性やワークライフバランスの向上、人財の活躍推進などの効果が見込めることは理解していただけただろうか。

従来の在宅勤務制度は福利厚生の一環に位置付けられ、対象者は育児・介護をする社員に限定された「形だけの制度」になっているケースが多かった。これでは社員が在宅勤務のメリットを享受することは難しい。

テレワークを、働き方改革の実現に必要な「手段」として位置づけ、「多様な働き方の自律的な選択肢」として推進したい。その上で、幅広い社員が、それぞれの状況をもとに最も効率の良い働き方を選択する際の「選択肢の一つ」として活用されるべきだ。そうなってはじめて、テレワークによる効果を最大化することができる。

現在多くの企業で、社員の働き方の柔軟性を高めるための制度が導入されている。社員が出退勤の時間を決められる「フレックスタイム制」や、出社の時間を前後にずらして保育園への送迎や通勤ラッシュを避けた出社を可能にする「時差出勤」などの働き方だ。テレワークは、多様な働き方のなかでも時間だけでなく場所も有効に活用できるという特徴があるが、あくまでも選択肢の一つであることに変わりない。テレワークも含め、一人一人が自分に合った働き方を選択することが大切だ。

とにかく大切なのは、社員一人ひとりがライフステージの変化に合わせて、最適な働き方をチョイスできる、ということ
ここでこのように働け、と押し付けるのではなく能力を最大限に発揮できる労働環境を準備することが必要なんです

新しい常識

社員が最適な働き方を選択できる環境を整えよう

ワクスマではテレワーク導入当初、会社全体でテレワークを実施。しかし、働き方を一律に押し付けたことで社員から不満が続出した。会社で仕事をしたい社員、退社時間や休日を強制されることを苦痛に感じる社員も存在する。

子育て・介護と仕事の両立支援や、残業時間削減の制度を充実させても、働く人のモチベーションや働きやすさにつながっていなければ意味がない。制度の運用方法はもちろん、仕事の進め方や評価基準にまで踏み込んでこその「働き方改革」だ。

大切なのは「働く人」と「働く職場・組織」の改革、その両輪で考えることだ。現在フルタイムの会社勤務をしている社員であっても、将来はテレワークが必要になることも想定される。そのときになって取り組みをはじめたのでは、貴重な人財を失うことにもつながりかねない。誰もが「自分に合った働き方」を選択できるよう、環境を整えておかねばならない。

今後、弊社は1ヶ月ごとに30分単位で自分の労働時間を変えられるようにしていく予定です
今の日本はテレワーク夜明け前…働き方がガラッと変わっていくのは、これからですよ！

□「ワークスマイルラボ」が目指すもの

本作に登場するワークスマイルラボ（ワクスマ）は、テレワークを中心とした働き方の環境整備に取り組み、蓄積したノウハウを中小企業の働き方改革に生かすソリューションカンパニーだ。

社長直々に命を受け、大岡山エージェンシーにテレワーク制度を導入した梨花は、自身の念願でもあった子育てと仕事の両立を実現させることができた。彼女のチャレンジを振り返ると、ワクスマの目指す「働き方のかたち」が見えてくる。

私の望みは…
笑顔で自分らしく働けること
バランスが取れた環境で成果を出せる、そんな自信を持てる労働者がもっと増えてより良い社会が作れればいいな…

□「働く」に笑顔を！

ワクスマの前身、株式会社石井事務機センターは明治44年（１９１１年）に石井弘文堂として創業。以来１００年の歴史を刻んできた企業だ。

筆や墨を売る文具店としてはじまった同社は、その後、事務用品・オフィス家具・ＯＡ機器の販売を主な事業として、地域のお客様と信頼関係を築いてきた。ＩＴの普及により、近年はＩＴツールを活用した企業支援サービスにも力を注いでいた。

テレワークという言葉もない時代、パート社員が子どもの体調不良で度々会社を休まざるをえないことがあった。欠勤が続くと社内の雰囲気が悪くなり、いたたまれなくなって辞めていく。「家で仕事ができるようになれば、この問題は解決できるのではないか」とテレワークを導入した。結果、社員の満足度はもとより、生産性も向上。また新卒、中途ともに安定的な採用を可能にした。

２０１６年、同社は事業領域を、事務機器販売業から「笑顔溢れるワークスタイルの創造提案業」へと転換。２０１８年には社名を株式会社ＷＯＲＫ　ＳＭＩＬＥ　ＬＡＢＯに改称した。

ワクスマのコンセプトは「『働く』に笑顔を！」。笑顔あふれる働き方を通じて「仕事へのやりがいと誇り」「プライベートの充実」「会社の永続発展の追求」の3つのテーマのベストバランスを追求し、一人一人のより良い人生を実現することだ。

□スムーズな働き方改革を提案

地域の中小企業がこの先長く続いていくためには、社員が満足し、お客様が満足し、業績が上がるという、この3点がそろうことが必須であると、社長の石井聖博は考えている。まずワクスマがこれらを追求し続けながら、生産性向上や労務管理、オフィスづくりなどのノウハウを提供している。

時代はいまやワーク・ライフ・バランスからさらに一歩進んだ「ワークライフインテグレーション」へと移行している。仕事と私生活を人生の両輪と捉えるのではなく、仕事も私生活も人生の一部。双方を充実させることによる相乗効果で、より豊かな人生を実現させようという考え方だ。

政府が進めている「働き方改革」に対して、労働時間の短縮、社員のワークライフインテグレーションに対する取り組みがますます企業に求められる時代。柔軟に素早く対応できる中小企業だからこそ、人を大切にする経営の実践ができるものとワクスマは考えている。

社員がどんなライフスタイルになっても笑顔で働ける会社であるために、ワクスマは進化を続ける。

あとがき

これまで「ワクスマ」「ワクスマ」と何かの暗号のように何度も出てきたフレーズですが、実を言うとこれはそれほど昔からある言葉ではありません。

私たち、株式会社WORK SMILE LABOは昨年9月13日に社名を今のものに変更したばかりです。

そもそも私たちの創業は初代社長・石井哲司が1911年（明治44年）、岡山市表町で筆や墨を販売する「石井弘文堂」を立ち上げたことがはじまりでした。その後、事務用品やOA機器、オフィス家具を扱うようになり、1969年（昭和44年）「株式会社石井事務機センター」に社名変更。地元の企業と手を取り合い、地域社会の発展に貢献してきました。

それが転機を迎えたのは2009年のことでした。価格競争の波に飲まれ主力商品だったコピー機の利益が激減。さらにリーマンショックも重なって、会社は経営危機を迎えます。

ドン底の状態からの再建を進めるなかで、ある女性社員が心身のバランスを崩し、出社できなくなる事態に見舞われました。それを機に、まずは自社の社員が笑顔で働ける環境を創りたいという想いがこみ上げ、それが発展して『「働く」に笑顔を！』という現在のミッションが誕生します。

事務機器を販売する会社から、新しいワークスタイルを創り、提案する会社へ。文具や機械といったハード面だけでなく、働き方や社員の満足度といったソフト面やメンタル面までもサポートできる会社へ――。

根本の部分では私たちは何も変わっていません。地域の中小企業が発展していくことが人々の幸福につながり、街の元気につながるという考えは創業から108年がたった今でも変わることがありません。

ただし、企業に対する関わり方は時代によって変わるべきだと思います。今は目に見える〝モノ〟ではなく、目に見えない〝考え方〟や〝システムの構築〟の方が必要とされる時代です。〝働くことの意義〟だったり〝将来のビジョン〟〝就活生へのアピール〟〝従業員の私生活の充実〟まで求められる時代です。

私たちはそれらをまとめて「笑顔あふれるワークスマイル創造提案業」と呼んでいます。労働（ワーク）に関わるすべての事柄が笑顔（スマイル）で満ちあふれるように。弊社が日本中の中小企業のワークスタイルにおいてモデル企業になれるように――。

それを強く打ち出すために社名を株式会社WORK SMILE LABOへと変更。

その「ワクスマ事業」の中心に今、テレワークがあるという状態なのです。

まずはテレワークの普及・定着を「ワクスマ」実現の第一歩としている弊社ですが、現在はさらにその先をにらんだ事業もスタートしています。

その一つが昨年9月、岡山駅前商店街の中に共用型サテライトオフィスを開設したことです。テレワークを推進していくなかで、外回りの多い営業マンからは営業先が集中する中心部に拠点がほしいというリクエストを受けていました。拠点があることでいちいち本社に戻らず、より効率的に仕事ができるというわけです。

さらにサテライトオフィスとテレワークを併用することで、岡山県北や他県の企業も岡山の人財を採用することが可能になります。それは働く側にしてみれば、岡山で暮らしながら、岡山以外の街の会社で働けるようになる――つまり働き方の幅が広がることにつながります。

私たち「ワクスマ」の目指しているものは明確です。

もっと笑顔で働くことのできる社会を作ること。そのためには働き方に関してより多様な選択肢があった方がいいし、ICTなどの最新機器を活用してそれができるのであれば、どんどん取り入れていった方がいいという考えです。

働くことは生きることであり、働く時間が豊かになることで多くの人の人生は彩りを増すはずです。

そのためにあなたに何ができるのか？

これまでの慣例を踏襲したままでいいのか？

それとも新しい時代の新しいツールを活用して、誰もが笑顔になれる新しい働き方を模索してみるか？

それを決めるのはあなた次第です。

これからの中小企業の新しい働き方を、一緒に実践してみませんか?

少しでも自社の働き方をもっと良くしたいと思われている方は、ぜひ弊社に連絡をください。

私たちは常に楽しく笑顔で働きたいと願う人の味方でいます。

2019年6月

石井 聖博

石井聖博（いしい・まさひろ）Masahiro Ishii

株式会社WORK SMILE LABO（ワークスマイルラボ）代表取締役。
1979年、岡山市生まれ。帝京大学を卒業し株式会社石井事務機センター4代目社長に就任。石井事務機センターは明治44（1911）年、岡山市表町で筆や墨を販売する「石井弘文堂」としてスタート。その後、OA機器やオフィス家具、ICT商材と手を広げるが、次第に業績が悪化。そこから事業形態を「笑顔あふれるワークスタイルの創造提案業」に転換。特にテレワークの普及に力を入れ、総務省の選ぶ「テレワーク先駆者100選　総務大臣賞」を中小企業で初めて受賞する。創業107年となる2018年9月13日には岡山から日本へ、そして世界へという想いを込め、社名を「株式会社WORK SMILE LABO」に変更した。

漫画で紐解く
岡山の中小企業、初めてのテレワーク。

2019年7月12日　第1刷発行

発行人	田中 朋博
発行所	株式会社ザメディアジョン 広島県広島市西区横川町2-5-15 横川ビルディング TEL（082）503-5035 http://www.mediasion.co.jp
印刷	株式会社シナノパブリッシングプレス
漫画	酒井 悠希
シナリオ	清水 浩司
構成	山本 速（ザメディアジョン）
編集	芝 紗也加（ザメディアジョン）　佐々木 瞳（ザメディアジョン）
装丁	前﨑 妙子
DTP	濵先 貴之
校正	菊澤 昇吾（ザメディアジョンプレス）

ISBN978-4-86250-639-9 C0034 ¥1200E